イヌとからすとうずらとペンと
山川菊栄・山川均 写真集

山川菊栄記念会・労働者運動資料室【編】

同時代社

刊行にあたって

山川菊栄記念会代表
井上輝子

山川菊栄は、大正期以来、母性保護論争をはじめ、鋭い筆法で論壇を賑わした社会主義婦人論の論客であった。戦後発足した労働省の初代婦人少年局長として、女性労働行政の基礎を作った後、婦人問題懇話会等を通じて後進を育てたほか、『おんな二代の記』など、歴史家としても健筆をふるった多彩な人である。

菊栄は1890年に、水戸藩儒者の家系につながる青山千世と、松江藩の足軽の家から身を起こし、フランスの食肉開発技術を学んだ事業家森田竜之助の次女として生まれた。1916年に26歳で山川均と結婚し、翌年息子振作が誕生。子育てをしながら、均との二人三脚で、文筆活動や社会運動を続け、当時としてはまれに見る、平等で同志的な夫婦関係を築いていった。「琴瑟《きんしつ》相和す」をもじって「均菊相和す」と称されたとのエピソードもある。とはいえ、病弱な息子と、頻繁に監獄に収監されて留守がちな夫を抱えて、菊栄にとっては、苦しい生活が続いた。

戦後になると、山川夫妻は社会主義者として警察に追われることもなくなり、振作の結婚、孫の誕生など、温和な家庭生活を送ることになる。菊栄が56歳で労働省の局長に就任した頃から、均とは一味違う、菊栄の独自な活動や思想態度が開花する。1958年の均の死去は、菊栄にとって、大きな喪失感をもたらしたとはいえ、親類筋の岡部雅子と同居しながら、1980年に90歳の誕生日を前に亡くなるまでの間、精力的に文筆活動に従事し、1974年に83歳で刊行した『覚書　幕末の水戸藩』では、大佛次郎賞を受賞した。

90年にわたる菊栄の生涯は、均と結婚するまでの25年間、均と共に歩んだ42年間、そして均亡き後の約23年間の３つの時期から成っている。均も菊栄も多くの著作を残しているが、同時に多くの写真も残されている。写真に写された菊栄と均の表情や姿勢には、活字からは覗えない、菊栄と均それぞれの性格や二人の関係の実像など、様々な読み取りができるだろう。均生誕135年、菊栄生誕125年を記念して、今まであまり公開されてこなかった二人の写真を１冊にまとめて、刊行することにした次第である。

なお、敬称はすべて略させていただきましたことをおことわりしておきます。

イヌとからすとうずらとペンと——山川菊栄・山川均写真集

目　次

Ⅴ　スタジオで　取材先で

Ⅵ　仲間・家族に囲まれて

Ⅶ　アラカルト

Ⅷ　年表

労働省婦人少年局 初代局長……

労働省婦人少年局長室にて

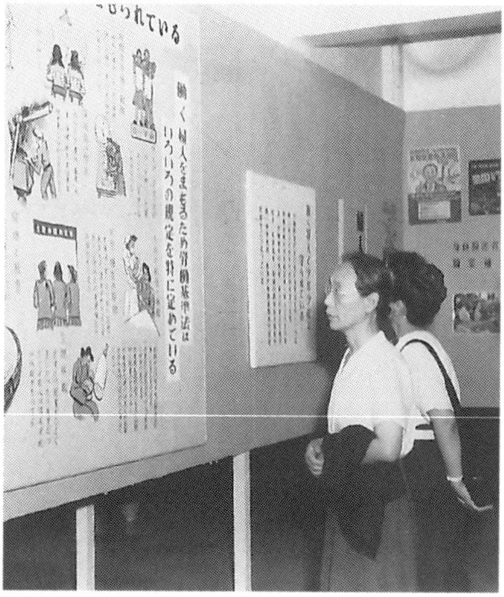

労働基準法の展示を見る菊栄

東京小金井・浴恩館での地方職員室主任会議――地方職員室室長の全員を女性にした――

1949年、浴恩館の室長会議分散会

青森八戸に出かけて　1949年８月30日

地方職員室長の会議

地方職員室主任会議か　前列中央に菊栄、その両脇に来賓の顔が

炭鉱の視察先で

日炭高松炭鉱では坑内にも

中央メーデーに招かれて

1953年、北海道の漁港で

神戸港の船上で

労働省内部の会議か、「紅一点」 1948年

田中寿美子（左）の入省した当時　1951年６月

和歌山女子刑務所の看守の人たちと

上の左端が初代婦人労働課長として山川局長を支えた谷野せつ（３代目婦人少年局長）、前列中央が菊栄、その右、社会党婦人部の赤松常子

啓発グッズあれこれ

1949年婦人週間のポスター
「もっと高めましょう　私たちの力を！
私たちの地位を！　私たちの自覚を！」

1950年婦人週間のポスター
「家庭から　職場から　封建性をなくしましょう！」

1948年12月婦人少年局ポスター
「男女同一労働同一賃金になれば」

啓発リーフレット
「働らく少年少女のために
證明書制度」（1948年）

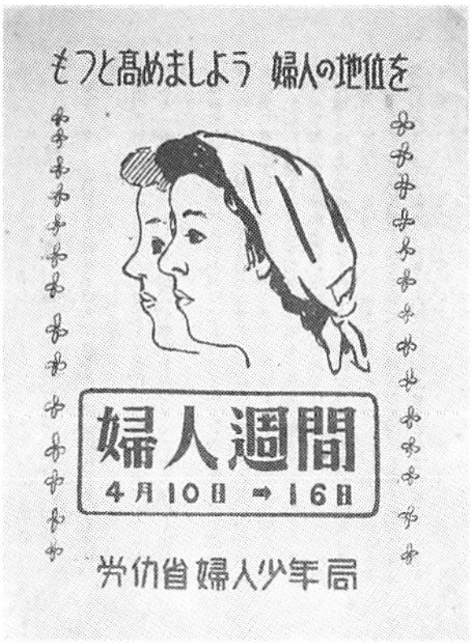

啓発リーフレット
「もっと高めましょう　婦人の地位を」（1949年）

啓発リーフレット
「労働組合の婦人部について」
（1949年５月）

啓発リーフレット
「さぁ討論しましょう」
（1949年）

啓発リーフレット
「寄宿舎の自治会」
（1950年）

啓発リーフレット
「社会のためにやくだつ婦人
となりましょう」
（1951年）

紙芝居「おときさんと組合」（1949年）

紙芝居「ばら寮のできごと」（1950年）

石井雪枝の思い出

「何だろう？」といぶかりながら、そのころ東京でお住まいにしておられた麻布霞町の内藤民治氏宅の離れに山川さんをお訪ねした。山川さんのおはなしは、まったく思いがけないものであった。新設の労働省婦人少年局長に内定していた山川さんに「私は今までの社会運動の延長のつもりで引き受けたんですから、あなたもそのつもりで手伝ってください」といわれたのである。一晩考えた末、受諾のお返事をした。束の間であったが、当時は社会党首班内閣で、初代の労働大臣は米窪満亮氏であった。

局長としての山川さんの最初の大きな仕事は、全国に置かれた地方職員室（現在の婦人少年室）の職員の採用で、当初、私は、その事務のお手伝いをした。

男女半々で主任は男という大方の意向に抗して、山川さんは全員女性でと主張され、「職員室の仕事は、弱い者の立場に共感できる女性にこそ向いている」と主張を貫かれたのだった。全員が女性という現在の婦人少年室はこうして生

婦人少年局月報 Monthly Bulletin W. M. B., L. M.
働く年少者の保護運動について
女世帯の生活
婦人少年局三周年を迎えて

山川局長時代の
婦人少年局月報

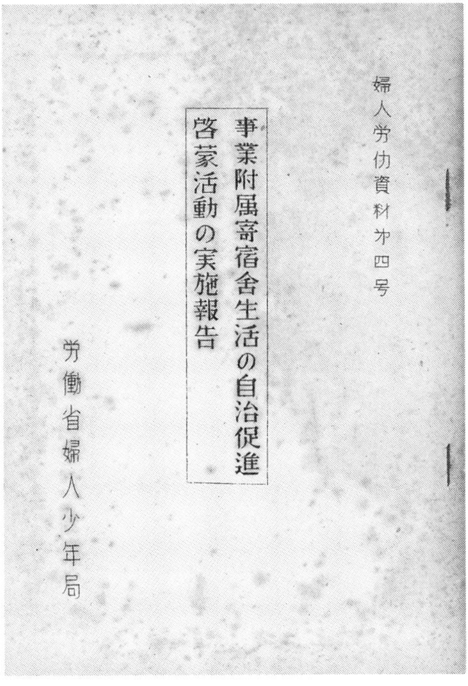
婦人労仂資料オ四号
事業附属寄宿舎生活の自治促進
啓蒙活動の実施報告
労働省婦人少年局

調査報告書「事業附属寄宿舎生活の自治促進啓蒙活動の実施報告」（1950年）

まれたのだった。

山川さんは、「監督する立場のものが、事業所から饗応を受けるべきではない」「出張旅費をもらっているのだから宿泊費などはすべて自弁すべき」という主張を、まる４年近い在任中ずっと貫かれた。

（『木瓜の実―石井雪枝エッセイ集』
1990年６月　ドメス出版）

戦後の
民主化運動の中で

1946年春―新歴史協会を旗上げ、事務所を麻布の内藤家におき、均はそこに寝泊まりした

上と同じ日、同じメンバーでの写真
前列左から渡辺文太郎　足立克明　小堀甚二　内藤民治　均　荒畑寒村
後列左から、山内房吉　大倉旭　高橋正雄　向坂逸郎　菊栄

1946年１月26日、東京日比谷　野坂参三帰国歓迎国民大会。参加者５万人　司会・荒畑寒村　大会委員長としてあいさつする均

マイクの前が野坂参三

1946年３月　民主人民連盟結成にむけ尾崎行雄（左から２人目）に会う。右端は内藤民治、その左が均、サインは尾崎のもの

歴史研究講演会

1952年７月22日、東京大学での史学四学会主催で破壊活動防止法批判学術講演会に参加。家永三郎が「歴史研究の自由」の講演をした。史学四学会とは、大塚史学会、歴史研究会、史学会、社会経済史学会の４つ

一連の写真には均の他に家永三郎　遠山茂樹　市川義雄　下村富士男　稲田正次　田中栄太郎　大久保　宮川等の顔がみえる

1955年7月27日　日比谷公園にて。左から向坂逸郎　高橋正雄　均　板垣武男。この頃板垣は、『社会タイムス』の社長で、おそらく同紙の問題で相談したのだろう

1957年9月13日、翌年結成をみる日ソ協会に向けた民間の会合

戦前の労働者運動の中で

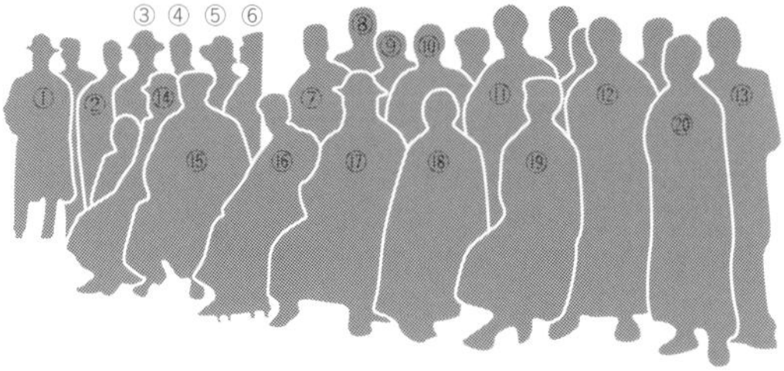

日刊平民新聞社（1907年1月15日発刊、東京新富町）と社員。①西川光二郎　②赤羽一（巌穴）
③山口義三　④安成貞雄　⑤荒畑寒村　⑥堺利彦
⑦均　⑧石川三四郎　⑨村田四郎　⑩岡野辰之介
⑪神崎順一　⑫大脇直寿　⑬宇都宮卓爾　⑭深尾韶
⑮森近運平　⑯斎藤兼次郎　⑰徳永保之助
⑱椎橋重吉　⑲八木鍵次郎　⑳百瀬晋

1916年夏　売文社時代。左から二人目均　腰かけている堺利彦

1907年８月６日、新宿角筈十二社　社会主義夏季講習会を終えて
①田添鉄二　②吉川守圀　③柴田三郎　④大杉栄　⑤堺利彦　⑥片山潜　⑦福田英子
⑧山口孫衛門　⑨新村忠雄　⑩築比地伸助　⑪森岡永治　⑫春藤兼次郎　⑬中内善朔
⑭深尾韶　⑮村田四郎　⑯幸徳秋水　⑰堺為子　⑱堺真柄　⑲徳永保之助　⑳小島しげ
㉑均　㉒西川光二郎　㉓森近運平（両側の制服の男は、臨検できた警察官と思われる）

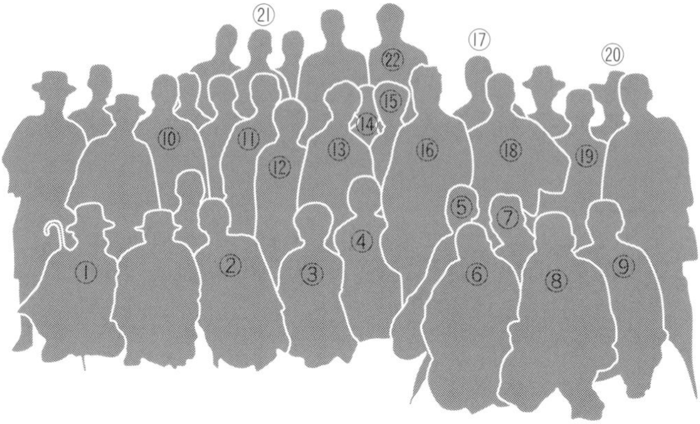

イギリス労働党創立者ケアハーディを迎えて　1907年８月
①幸徳秋水　②均　③幸徳千代
④堺真柄　⑤深尾詔　⑥野沢重吉
⑦荒畑寒村　⑧守田有秋　⑨渡辺政太郎
⑩堺利彦　⑪片山潜　⑫堀保子
⑬堺為子　⑭福田英子　⑮菅野スガ
⑯ケアハーディ　⑰斎藤兼次郎
⑱岡千代彦　⑲幸徳久太郎　⑳添田平吉
㉑西川光二郎　㉒田添鉄二

ロシアからの客を迎えて
上段左から３人目が均、中段３人目が堺利彦

1920年、新人会（東京大学学生の組織）の面々と、大森山川宅にて
前列左から河西太一郎　林要　門田武雄　三輪寿壮　後列、山崎一雄　赤松克麿　山崎今朝弥
菊栄　均　堺真柄　堺利彦　堺為子　宮崎龍介

1921年９月30日、銀座・青柳での売文社（当時近藤栄蔵の経営になっていた）顧問会
左から３人目白シャツ・新居格　大杉栄　堺利彦　山崎今朝弥　均　近藤栄蔵

1933年1月27日、堺利彦葬儀で葬儀委員長として挨拶する均（中央）

1933年５月３日、鶴見総持寺の堺利彦墓前にて　前列左から白柳秀湖　均　石川三四郎
橋浦時雄　大森義太郎　安成二郎　近藤憲二　今野賢二　上段左端、葉山嘉樹
中段２人目、荒畑寒村　後列の墓石から右へ堺為子　堺真柄　小堀甚二　向坂逸郎

1934年１月23日、鶴見総持寺で
堺利彦１周忌。後列左から５人
目均　前列中央堺為子　ほかに
白柳秀湖　大森義太郎　向坂逸
郎　橋浦時雄　安成二郎らの顔
が見える

1935年１月23日、堺の３回忌。
後列左から堺真柄　大森　荒畑
均　橋浦　向坂　前列左から２
人目、堺為子　右端足立克明
鶴見総持寺で

1955年９月　堺利彦13回忌にあ
たって。久々の墓参の会。前列
左から平林たい子　１人おいて
川俣清香　高津正道　均　近藤
真柄　鈴木茂三郎　右端に江田
三郎　後列向坂逸郎　安平庚一
頭だけは荒畑寒村　栗原光二
鶴見総持寺にて

若き社会主義者誕生

「母性保護論争」に加わったころの菊栄と振作(1918年)

その頃(1918年頃)、与謝野晶子と平塚らいてうらの母性を巡る論争が始まった。母性保護論争である。与謝野晶子は「女性の経済的独立こそ先決であり、全ての保護は依存主義である」と論じた。これに対して平塚らいてうは「子どもを産み育てることは国家的社会事業であり、国家・社会による母性に保護は当然である」と論じた。二人の論争に菊栄は「婦人の経済的独立、母性保護は双方ともに要求されるものである。そしてその根本的解決を婦人問題を惹起し、盛大ならしめた経済関係そのものの改変に求めるほかない」としてこの論争を終わらせた。(ドキュメンタリー映画「姉妹よ、まずかく疑うことを習え―山川菊栄の思想と活動」のシナリオより)

翻訳の仕事中

1923年刊

左から菊栄、伊藤野枝、堺真柄。1921年4月に結成された日本初の社会主義女性団体「赤瀾会」は、他、久津見房子、中曽根貞代、橋浦はるなど40名ほどを組織した。

赤瀾会の旗

メーデーのときにまかれたビラ

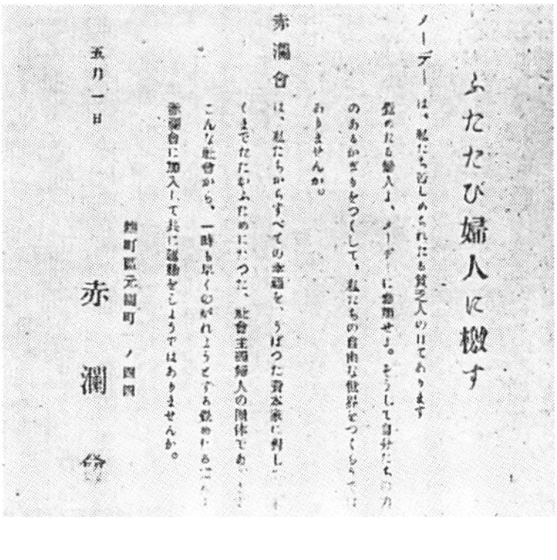

ふたたび婦人に檄す

メーデーは、私たち苦しめられたる貧乏人の日であります

覚めたる婦人よ、メーデーに参加せよ。そうして自分たちの力のあるかぎりをつくして、私たちの自由な世界をつくら[illegible]ありませんか。

赤瀾会は、私たちからすべての幸福を、うばった資本家に対し[illegible]くまでたたかうためにたつた、社会主義婦人の団体であ[illegible]

こんな社会から、一時も早くのがれようとする目覚めたる[illegible]赤瀾会に加入して共に運動をしようではありませんか。

五月一日

麹町区元園町一ノ四四

赤瀾会

「婦人に檄す」（1921年）

メーデーは私達労働者の虐げられたる無産者の日であります。婦人と労働者とは幾十世紀の間、同じ圧制と無智との歴史を辿ってきました。然し黎明は近づきました。ロシアに於て先ず鳴らされた暁鐘は刻一刻資本主義の闇黒を地球の上から駆逐して行く勝利の響きを伝えて居ります。姉妹よお聴きなさい、あの響きの中にこもる婦人の力を。さあ私達の力のあらん限りをつくして兄弟と共に日本に於ける無産者解放の合図の鐘をつこうではありませんか。覚めたる婦人よ、メーデーに参加せよ。

赤瀾会は資本主義社会を倒壊し、社会主義社会建設の事業に参加せんとする婦人の団体であります。入っては家庭奴隷、出ては賃銀奴隷以外の生活を私達に許さぬ資本主義の社会、私達の多くの姉妹を売笑婦の生活に逐う資本主義の社会、その侵略的野心のために私達から最愛の父を、子を、愛人と兄弟を奪って大砲の的とし、他国の無産者と虐殺させ合う社会、その貪婪な営利主義者の為めに私達の青春を、健康を、才能を、一切の幸福を、そして生命さえも蹂躙し犠牲にし去って省みない資本主義の社会——赤瀾会はこの惨虐無恥な社会に対して断乎として宣戦を布告するものであります。

解放を求むる婦人よ、赤瀾会に加入せよ。

社会主義は人類を資本主義の圧制と悲惨とから救う唯一の力であります。正義と人道とを愛する姉妹よ、社会主義に参加せよ。　（菊栄起草）

赤瀾会は、その年女学校を出たばかりの堺真柄、橋浦はる、伊藤野枝などのほか、私も加わってできたささやかな団体で、手近な、具体的な行動の目標や規約もまだきまらず、私などは3月から4月いっぱい子供の病気に手をとられ、ついで鵠沼に転地していたので、メーデーにくばるビラの原稿を書いたほかは、何もできませんでした。（菊栄『日本婦人運動小史』1981年大和書房より）

均と守田有秋は1900年の不敬罪第1号事件で入獄した。これは1904年6月6日、出獄を記念して。左から守田　均　守田の妻岩田ひさ。均も守田も22歳

弾圧
入獄・出獄

1908年、金曜会事件出獄記念。左から均　堺利彦　大杉栄

1926年４月、第一次共産党事件控訴審公判廷廊下にて。左から２人目堺利彦　均

1927年１月22日、第一次共産党事件で入獄していた堺（26年12月29日出獄）、荒畑（27年１月12日出獄）と均の３人で、出獄を記念して江の島に遊んだ折の写真

憩う２人

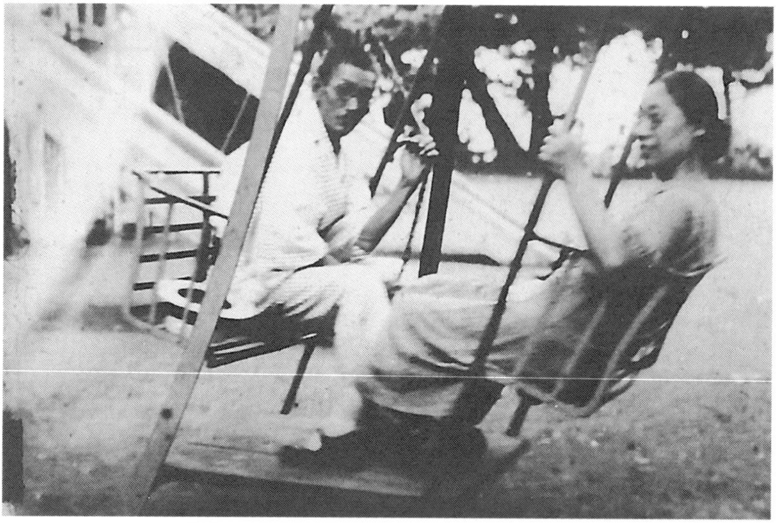

片瀬龍口園にて

お茶とタバコとイヌを前にして

稲村ガ崎の農村を散策。江の島を遠望する鎌倉の海岸。この３枚は同じ日のものと思われる

一見ソビエト帰り風のちょっとエキゾチックな服装の２人＋１人

転居に次ぐ転居

病室兼仕事場

「二人ともが、一年の大部分を寝床のうえで過ごすようになってからは、私のところでは、家賃が生活費の三分の一を占めるのがおきまりとなり、時としては生活費の半分を取ることもある。」さらに「震災後の四年間には、つごう八回の引越し」を余儀なくされたこと。普通の家のならわしである「一家の君主の玉座」の床の間つき座敷、次が茶の間などといった差別はもとより、「仕事にいちばん必要な時は夜なので仕事の邪魔をされぬため、子供は小さい頃から、日が暮れるとすぐ寝かせることにした」ので一家団欒の広間といったものもまったく必要のないこと。必要なのは「各人が自由に病気をし、各人が自由に仕事をし、勝手な時に寝、勝手な時に仕事をし、それが互いに他人の迷惑にもならず、他人からも妨げられない」、二つの「病室兼仕事場」と一つの「子供のいどころ」であること。

これだけの条件を普通の家で満たすには余程の大邸宅しかありえず、借りるにはべらぼうな金が要る。となれば建てるほうがはるかに安あがりだ。

こうして訪れた人びとから「小学校」「北海道の牧舎」「寄宿舎」「船室」といった批評がされるような、「殺風景」な家ができあがったのである。山川夫妻と振作はここに九年間も住めたが、山川自身にとっても一カ所に永く住めたのははじめてのことだった。

それに山川が大好であった野菜や果樹栽培もできるようになり、これがのちの入獄などに堪えられる健康をえさせることになった。

（『均全集』８巻　振作解説）

（石河康国『マルクスを日本で育てた人　評伝・山川均Ⅰ』）

大森春日神社裏の借家

1922年、大森に建てた自宅

①《新居》麹町
H（均）大森新井宿
K（菊栄）鎌倉に転地—生麦
—実家でS（振作）出産
大森春日神社裏
H入獄
茅ヶ崎借別荘—大森—自宅（大森）完成

②自宅（大森）

H

K・S小田原・国府津で転地療養

H・K（S）自宅と鎌倉極楽寺の借家に交替で転地療養

H大阪で検挙され倉敷へ－極楽寺

震災

自宅全壊

1925年1月1日、垂水高丸の家の庭で。均の隣が間庭末吉、振作を膝にしているのは藤原栄次郎

1925年5月、兵庫県御影の家の玄関

稲村ガ崎の自宅の藤棚。左が向坂逸郎、右が大森義太郎

③－麹町（菊栄の実家）－倉敷－兵庫垂水－西垂水海岸

H垂水高丸－御影－鎌倉材木座－稲村ガ崎

KS治療のため東京三田下宿－借家から通院

自宅（稲村ガ崎）完成

④うずら園つきの自宅（弥勒寺）完成

H検挙・久松署・入院・東調布署・巣鴨

（S結婚）

HKと広島へ疎開

KHと広島へ疎開

敗戦

弥勒寺に完成し、終の住処となった自宅

1965年６月、弥勒寺の庭

⑤

K　S　H

敗戦

麻布で自炊——下曽我で療養

S太田区雪谷へ

K週日は雪谷から労働省へ週末弥勒寺に

H週日は雪谷から通院

週末は弥勒寺へ

K・H（没）

O（岡部）と共同生活

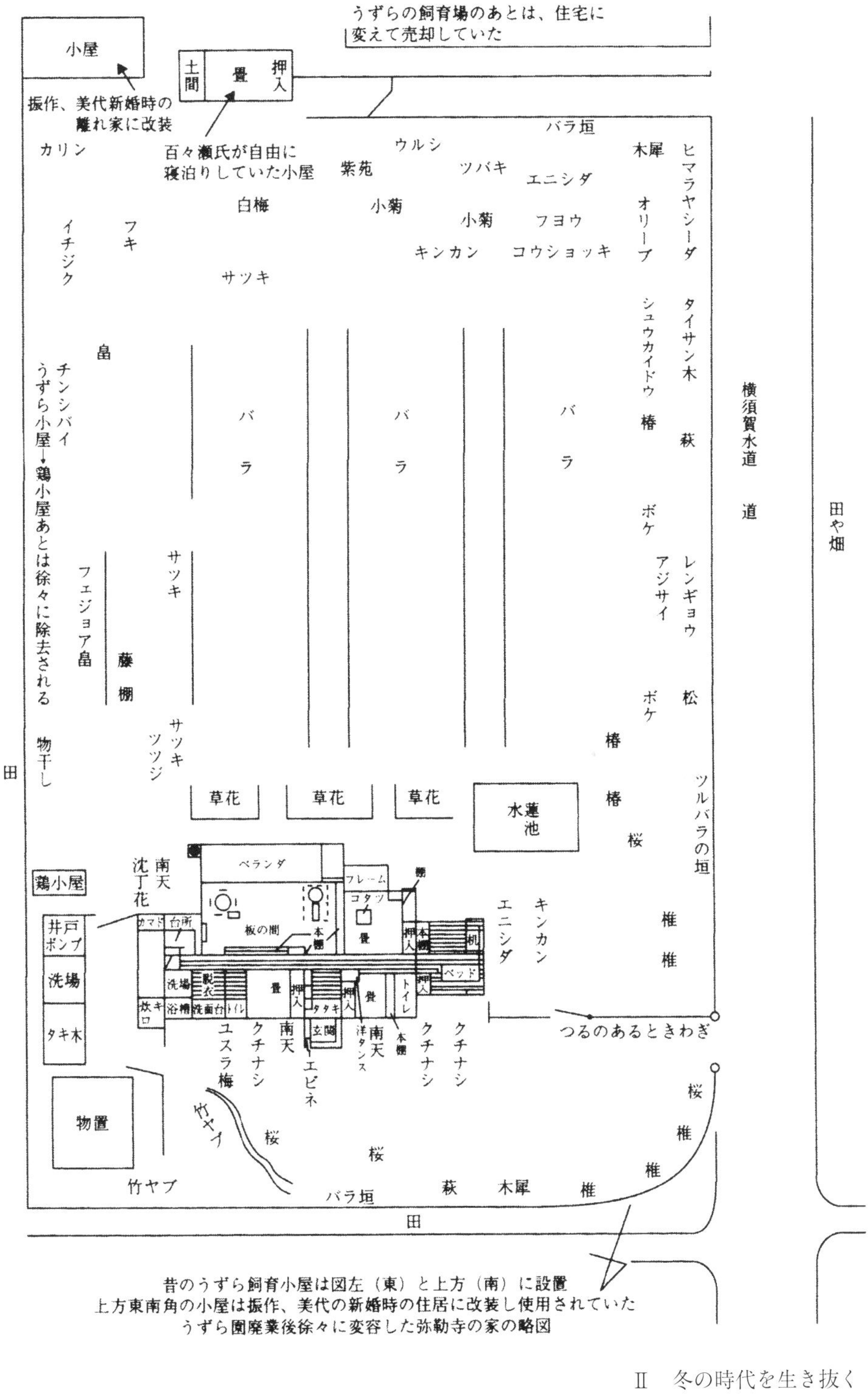

弥勒寺の自宅見取り図（岡部雅子著『山川菊栄と過ごして』より）

絵手紙——船のスケッチ

1924年、均が、西垂水海岸の借家の二階から明石海峡を描いて東京で療養中の振作に送ったスケッチである。この家は浜から二列目にあったので、大小の汽船や帆船が目の前をゆきかう美しい眺めを楽しみ、神戸港の出入航広告を新聞で見ては大きな汽船の通るのをスケッチした。

ベア君のたんじょう日をしゅくす。おばあさんに、おはがき　ありがとうと申し上げて下さい。9月7日
（“ベア君”は振作がこの数年前からL. L. Brooke画の絵本“The Story of the Three Bears”が好きだったので“Little Small Wee Bear”からベアが愛称になっていたもの。『均全集』編者振作注。以下（　）内は同）

せきは　どうですか。おばあさん、おばさんによろしく。9月7日朝

おにいさんは、きのうの夕方の汽車でかへりました。9月8日（“おにいさん”は書生）

九月八日の朝

ペス君からよろしく。ただ今、お母さんのお手紙がつきました。お母さんの方もよくみてもらってから、お決めなさい。9月8日

九月十一日

きれいなちづを送りました。こんど垂水に来るとき、汽車にのったらあのちづとくらべてごらんなさい。9月16日

九月十一日　かさど丸

九月十三日

九月十一日　かいこく船

九月十七日　エムプレス

クレヨンのちょうめんが昨日つきました。今エムプレスが神戸の方にゆきました。9月17日午后

今日は雨ふりです、あわぢ島がうすく見えます。お父さんのせきが少しよくなりました。9月18日

こんど　くれない丸といふ新しい船ができやしま丸にかはってべっぷかよいになりました。千六百とんです。これがたぶんくれない丸であらうとおもひます。

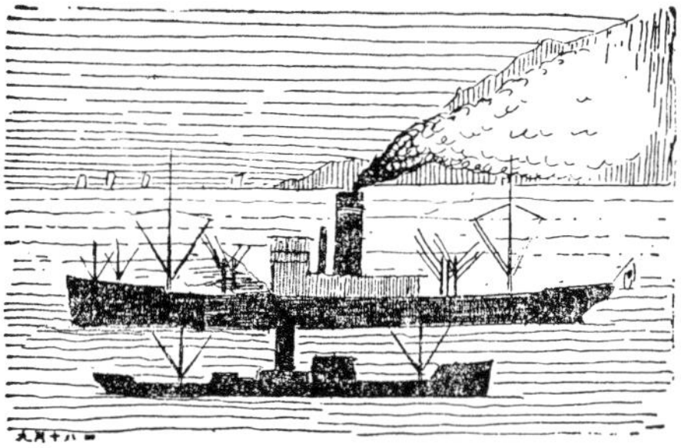

くれない丸は23日からです。昨日のはまちがひ。あれがみどり丸でしょう。そして二本えんとつのが　たぶん　やしま丸でしょう。これは日本ゆう船の大きな船だが　名前は分らぬ。9月19日

かんづめ　色々　ありがたう。しゃしんはよくうつりました、明日送ります。9月22日

くすりがつきました。ありがたう。9月26日

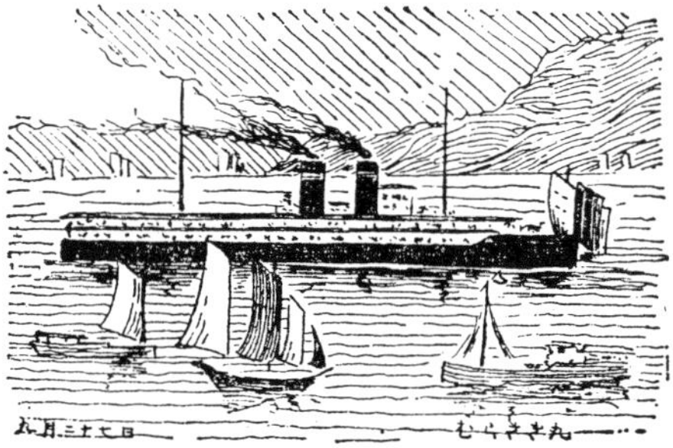

日々新聞の夕かんのひこうせんを見ました。(25日、霞ケ浦海軍航空隊のアストラ航空船が東京を訪問、振作が写生を送った返事)。これがまちがいのないむらさき丸です。9月27日

ゆうべ、かいじんじゃの向ふの方でいわしあみをひきました。りょう船に二十ぱいもいわしがとれました。9月28日

この青い船はエムプレスではなくて、プレジデントマッキンレー号らしいが、よく分らぬ。10月1日

このごろは毎ばん　いわしあみを引くのでにぎやかです　ゆうべなどは　さわがしくてねむれぬくらいでした。10月2日

ポチもペスも三ちゃんも（自家と近所の犬）みなげんきです。ビショット（？）さん（近所の外人）のうちのは　昨日どこかへひきこしました。10月3日

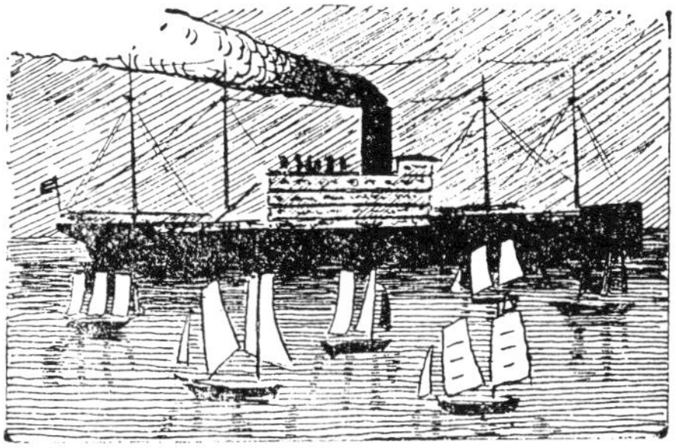

十一日、十二日、十三日の三日垂水のおまつり（海神社の祭礼）で　にぎやかなそうです。10月3日

弥勒寺動物園

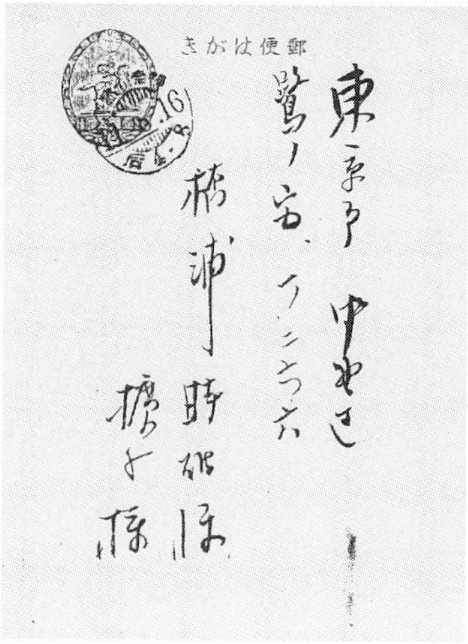

1936年３月16日付　橋浦時雄・擴子宛の絵手紙（ハガキ）の表書。下は均の手書きの絵。（コピーや印刷ではありません）

「山川家　家族一同より宜敷く申し上げます」　シェパード　キジ　尾長鳥　カラス
振作　菊栄　学者犬マルちゃん　うづら　キンケイ鳥　均

全員集合　1937年　弥勒寺自宅庭　烏が歩き、振作がマルとシェパードを従え、菊栄の頭に尾長鳥がとまり、後ろの吊り台にキンケイらしきものが見える。

カラスとイヌの平和共存関係

1936〜37年、チャボに餌をやる菊栄

黒イヌだけど名はちゃんとある「久呂」

私は「波奈」です

カラスを飼う

私がカラスを飼いならす「独特の腕前」をもつことが、ある新聞で紹介されてから数人の方からカラスを飼いならす秘法を教えてくれという手紙をもらい、世間にはものずきな人がほかにもあることを知っておおいに意を強うしたわけである。

ところでその秘法であるが、成長しきったカラスはなれにくいが、巣立ち前後までの若いカラスなら、ただ育てさえすれば、秘法も魔法もつかわないで、なれ過ぎて少々もてあますほど、よくなれる。そして家族の一員として対等の待遇をあたえられないと、不平らしい顔をする。もちろんえんりょなく室内にはいってくる。カラスの分際などという身分の観念はないらしく、人間のはいっていいところにカラスがはいって悪い道理はないと心得ているらしい。なにしろ室内には、そとにないものでカラスの好きそうなものがいろいろあるのだから、無理もない。ペンでもエンピツでも、消ゴムでも、カラスは片はしからくわえてみる。ことに得意なのは、マッチやタバコの箱をあけ、中身を室じゅうふりまくことだ。食事中だったら肩にとまって、私のはどれですかというような表情をして、人間の顔をのぞきこむ。こんなとき、そっけなく追い出しでもしようものなら、非常に憤慨する。そして窓ガラスに頭をおっつけて、ガアガアという特別

1941年　ここにもイヌが２匹　この犬の子たちも労農派の同志たちにもらわれていった

1935年５月、稲村ガ崎の自宅の庭で

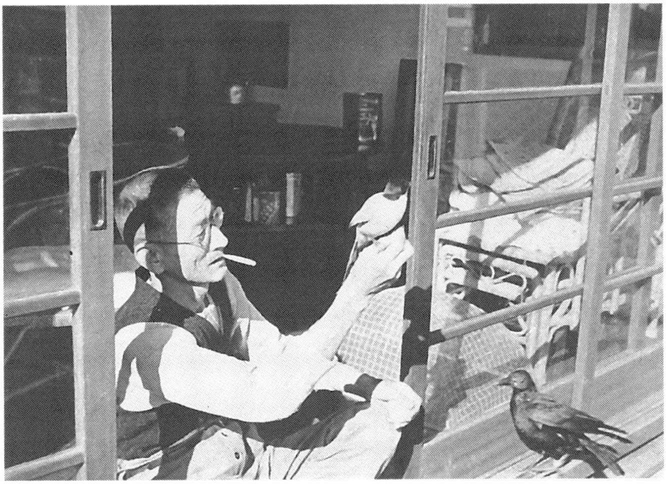

飼っている鳥が野鳥の仲間を連れてくることも。そこにも境界がなくなってしまうのが弥勒寺動物園

の鳴き声で抗議する。

　家の者が外出すれば、カラスはかならずついて来る。山道など散歩しても、後になり先きになり、どこまでもついてきて、途中ではぐれたり、気まぐれに飛んでゆくことはない。しかしカラスには、それぞれナワ張り、ないしは彼らが自分の版図と考えている勢力圏があるらしく、そこには雌雄と思われる二羽のカラスががん張っていて、外来のカラスがうっかりこの圏内を侵すと、猛然として襲いかかってくる。たぶん自衛権を発動するのだろう。こういうところを通り抜けるときには、私のカラスは空を飛ばないで地上すれすれに飛んでゆく。だから私のカラスが屋根の上にがんばっていると、ほかのカラスは決っして私の庭や畑を侵犯することはない。それで砂田長官に内々で献策したいのだが、いわゆる「いま時の若い者」に目をつけるよりも、国土防衛の思想のつよいカラスの徴兵制度などはどうだろう。(以下略)

(均『文芸春秋』1955年12月号)

1935年　カーと（その1）

（その２）「これでいいのか」

カラスと治安維持法

カラスは人なつこくって、犬のように散歩についてきたり、何でもたべるのでかいやすく、放しておけば虫などほしいものをたべて満足し、夜は庭の繁みの中に適当なネグラを見つけているので、愛嬌もあり、人間のいい友だちだったが、犬とちがって聞きわけがなく、何でもくわえていったり、つつき散らすのには閉口。ある時はカワセ入りの封筒をくわえて屋根の上へとんでしまい、てこずらせたこともある。

カラスは非常に警戒心が強く、その傍にいると安全なことを知って、スズメがそこに集まるという。あるとき大船の松竹だったか映画会社から母ものの映画にカラスが登場する場面があるのだが、用心深くて映させない。お宅のカラスはよくなついているそうだからと演技の申し入れがあった。うちのカア（と呼んでいた）がそんなに有名な名優だと初めて知って驚き、急に飛び立たないように枝にとまっている足を木の葉でかくしてつないでおいてポーズをとらせた。

このカラスがふと姿を消してしまった。誰にきいても知らず、警察に届けてもさがしてはくれまい、女友だちでもできたかと思っているうち、近所の人から事情を知らされた。隣り村の農家のおじさんがピーナツの種をまいていると、カラスがきてほじくる。いくら追ってもやめない。ゴンベが種まきゃカラスがほじくるという言葉の通り、とうとうしまいに空気銃をもってきてやっつけてしまったが、みると赤い足輪をしていたというのである。その話が伝わり伝わって私の耳にはいったのが何か月後だったか。そのころ山川は治安維持法で起訴され、１年半の間留守。第一審で七年、二審で五年となったが、そこで敗戦。カラスやウズラを相手に治安維持法のような大罪を犯すような芸ができるほど有能な人物とは気がつかなかったが……。

（菊栄『グラフかながわ』1977年２月）

1938年３月、3000羽飼っていたうずら園全景

うずらの入っている柵

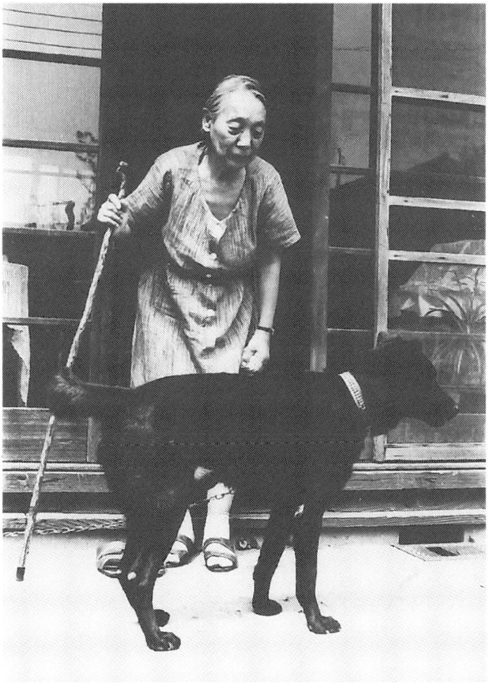

久呂と

同志社に招かれて

1955年５月25日に「同志社の思い出」、「私の歩んだ道」、翌26日に「日本の平和と独立」の三題の講演をこなした。

講演前のひととき

新島記念館で展示物を見る

総長室で　左の背中は住谷悦治　均　岸本英太郎

26日午後、大津でボート部の練習を見、瀬田の艇庫で部員に囲まれて

同志社の構内で　左から住谷悦治　田中良一　均

大学構内の彰栄館前で

山川先生が同志社で３回にわたって御講演下さったことは、同志社の歴史からみても１つの驚異ですし、私も長年の念願がかなって実に愉快です。世は逆コースを辿っているとは云え、学生時代に先生を訪ねてから数日間、YMCAの寄宿舎に刑事が来やしまいかと不安な毎日を過ごしたころと比較して、やはり世界の展開は日本も展開させており、日本民衆の力も民主勢力ものびた証拠と思います。先生などことにご生涯を顧みて痛感されて居る事と存じます。R・ドーアと云う方の入洛歓迎します。（以下略）

（住谷悦治からの手紙　1955年11月３日）

看護学院で先生

1951年４月烏山の看護学院の入学式に立ち合って、前列左から４人目

1956年　都立第一高等看護学院の戴帽式に招かれて、前列左から６人目が菊栄

看護学院文化祭で、部落研の部員と

1957年３月19日　都立第一看護学院第６回卒業式、前列左から６人目が菊栄

二葉保育園・徳永恕と

東京府立第二高女のときのクラスメイトの徳永恕は、東京新宿の二葉保育園に勤め、園長になった。戦後、名誉都民になった。

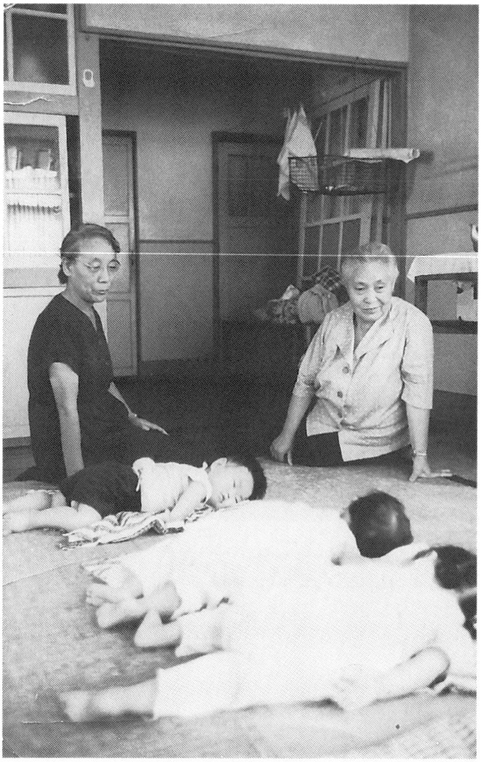

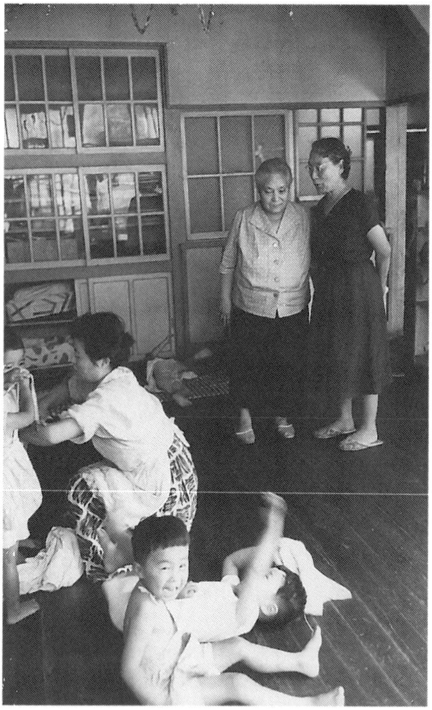

同級生の中で異色であったのは徳永恕さんでした。在学中から当時有名な細民街、四谷鮫が橋の二葉幼稚園に献身的につくし、年長でもあれば気分もおとなで、熱心なクリスチャンであってもお説教はしたことがなく、したがって宗教くさいところがなく、いつもニコニコしてゆうゆうとかまえており、同級生から「お父さん」などと呼ばれて親しまれていました。読書家でトルストイの愛読者、人道家で無抵抗主義者でもありましたが、私はこの人から木下尚江の『火の柱』『良人の自白』などを借りて、裁縫の時間に布の下にかくしてこっそり読みふけったものです。―中略―

二葉幼稚園は働く母親の子供をあずかる施設として、日本でおそらく最初のものだったと思いますが、半世紀以上も前の細民の子ときたら今日では想像もつかないほどひどいものでした。おでき、トラホーム、発育不良、不潔そのものといいたいくらいで、家庭のしつけもなにもなっていませんでした。徳永さんは花好きが花を作り、音楽家が楽器をかなでるように、いかにも楽しくてたまらないようにこの子供たちの世話をしていました。

（菊栄『おんな二代の記』）

秋山ちえ子のインタビュー

1956年５月号の『主婦の友』に載ったインタビューから一部を抜粋。
後に1957年秋山ちえ子著『お勝手口からごめんなさい』（春陽堂）に収録された。

東海道線の藤沢駅に近づくころ、右手の田圃の中を、気をつけていると山川先生の家が見える。赤い屋根瓦のすっかり色もさめはてた先生の家は、鮒やえびかにのいる小川の流れや、畠の葱坊主ともすっかり馴染みきって、この家がこの場所にあることに、何の不思議も感じられなくなっている。けれども20年前、まだこの瓦が鮮やかな煉瓦色をしていたころ――この色をそのままに危険思想の持主の家として、マークされていたということである。

ウズラを飼うために、はじめは藤沢の町の小学校の近くに、土地を借りるはずだった。ところが、町の在郷軍人会が、「小学校の隣に、危険思想の持主が来られては困る」と、地主に異議を申しこんだので、とうとう田圃の中になってしまったとのこと。

「菊栄も私も、40年間、病気を代わりばんこにしつづけたので、疲労のこと

をすぐ考えるのです。それで、つい楽しみは、庭いじりだけになってしまうんですね。これはいやになれば、いつでも止められます。」

何でも好きだという先生は、あるときはカラスを飼いならしたり、あるときは、病気の犬を、御自分のベッドの下で半年も看護されたり、いつもなかなか忙しい。優に二百坪はあろうかと思われる、広い庭は、よく手入れがゆき届いている。隅の隅まで、土はやわらかく掘り起こされて、春の温かみを匂わせる色である。

「女が仕事をするためには、ある時間、家族とも、すべてを断ち切って、自分一人になれる場所がなければできません。」と、菊栄先生は言うし、均先生も、「私は、ほかの人の姿が見えては、原稿は書けません。」と言われるが、この家は、板敷の部屋のほかに、八畳の日本間に大きな切ゴタツのある均先生の部屋

と、ベッドのおいてある菊栄先生の部屋が、独立している。女中さんも、この家では、苗字の「小島さん」と呼ばれて、きちんとした独立の部屋で、自分の勉強をしている。

「奥さんでお母さんで、その上、立派な社会人として、仕事を続けてこられて、途中で苦しまれたり、悩まれたりしたことはありませんでしたか。」という質問に対し、菊栄先生は、「私は奥さんの仕事は得意でないので、あまりしませんでした。大てい、いいお手伝いがありました。そのせいですか、家庭と仕事のことで、そんなに苦しみませんでした。」

ここで均先生は、「この人のんきなんですよ。いろいろ苦労ばかりあったろうが、愚痴一つ言わなかった。さっぱりしているというか、大したものですよ。」

とやわらかい口調で、口を挟まれる。

おいとまの挨拶をしたとき、均先生は、「バラの季節に、少し早くて残念でした。どうぞまた、花の咲くころに見に来てください。お知らせしますから――」と言われたが、その声につづけて、菊栄先生が、「ほんとに来てやってくださいね。藤沢までわざわざ山川のバラを賞めに来てくださる方がないので、つまらないんですよ。賞めに来てやってください。」と念を押された。

“この人はのんきなんですよ”と均先生は菊栄先生を批評されたが、ウズラの卵を三百残された話といゝ、バラのことゝいゝ、肝心かなめの、夫の心を喜ばせることのためには、たくまずして気をくばっている奥様としての菊栄先生の心がしみじみ感じられた。

（『主婦の友』1956年５月号）

ヨーロッパの旅（1951年11月～52年７月）

イギリス政府の招きで社会事業視察団の団長としてまずはロンドンに向かう
羽田空港での歓送セレモニー

均　振作一家　岡部雅子の顔も

しっかりと冬支度で

工場を見る毎に心を打たれることは働く婦人の年齢と体格のちがいでした。日本では繊維工場を見る毎に豆つぶのような少女が、すさまじい音をたてて目のまわるような速度で回転する魔物みたいな機械にとりついてわき目もふらず、100％の緊張ぶりを見せているのが余りにいたいたしく、胸が一杯にならずにはいられないのです。……日本の場合、工場に参観人がくれば少女たちはますます緊張し、何かきいても頰をこわばらせて答えようとしないほど固くなるのに、ここでは自分の家の茶の間に懇意な親類の者でも迎えたように微笑をうかべてえしゃくする。日本では人間が機械に使われている感じ、ここでは人間が機械を使っている感じ、たしかに人間のほうが主人だという感じを受けました。

（菊栄『平和革命の国：イギリス』
1954年　慶友社）

会食

街中の教会の前で

ユーゴスラビア、ザグレブのフィルム工場で

団員と現地スタッフとの
打ち合わせ

1952年４月
サウスウエールス　ロンドン炭鉱
「坑から出てきたばかりの鉱夫。かかえているのは燃料用にもらった丸太のきれはし。シャワーにかかって出てくると白人になる。」
（写真の裏に菊栄が書いたメモ）
菊栄の左に立つのは労働党議員

紅茶を手に寛いだ一時

団員一同で　前列右から菊栄、３人目奥むめお、５人目田中孝子、後列右より２人目久保まち子、田辺繁子

花束で飾られた一画は無名戦士の記念碑か

片山訪中団の一員として

中華人民共和国建国10周年の国慶節訪中団は、団長片山哲、副団長川畑忠良・白石凡・本多正登、女性は菊栄と前川トミエ（日本社会党婦人部）の２人、総勢30人の団で、1959年９月〜10月、１ヶ月の交流だった。

「新中国を見て」

これだけ自然に恵まれた国を荒らし放題に荒らし、人々を貧乏のどん底においこんでいたのは、全く政治の腐敗と帝国主義諸国の搾取の結果でしたが、今や政治は改まり、目ざめた人民は希望と自信をもって、新しい国づくりにはげんでいるのです。教育は労働と結びつき、中学生から大学生にいたるまで、工場や農場で働くことが学課と共に正課の中にはいり、科学が重ぜられ、学業の成績だけでなく、友情にあつく、親切協力等道徳的能力、体育も同じ程度に評価されています。人をつくり、国をつくるにも日も足らず、国土の開発、生産増強に一切をあげているこの国に、小さく貧しい島国日本を侵略するひまや必要があるでしょうか。この国にとっても日本にとっても何より必要なのは平和です。日本が貧しい小国であることを忘れて軍備や汚職や犯罪や、あらゆる浪費に甘んじている限り、世界の落伍者になることは必然です。

（菊栄『婦人のこえ』1959年12月号より抜粋）

毛沢東と記念撮影

周恩来首相を囲んで

なぜか菊栄1人にガイドが幾人も

東京YWCAでの日中婦人交流会主催の映画の集い
(1955年11月28日)

社会主義者との交わり

1956年 9 月29日　社会主義協会全国代表者会議（湯河原）
前列左から芹沢彪衛　相原茂　高橋正雄　均　菊栄　向坂逸郎　岡崎三郎　竹内猛

文芸評論家平林初之輔
記念碑の除幕式で

1955年６月６日
稲村隆一出版記念会　右から向坂逸郎　鈴木茂三郎
稲村隆一　均

樽書房社会思想新書の編集
打ち合わせでの菊栄

ラジオ&テレビ

1955年5月1日　ラジオ九州でメーデー番組に出演した均。左は志賀義雄

同上　スタッフと一緒に

1969年 7 月19日　TBSのスタジオ「美濃部都政にのぞむ」の座談会。
左から芥川也寸志　柴田徳衛　菊栄　藤森成吉

1978年『覚書　幕末の水戸藩』出版をめぐってNHKからのインタビュー

母千世と菊栄の一葉によせて

芳賀　徹

それはまことに印象的な写真である。「千世と菊栄　昭和五年五月」と題されている。昭和二年から住んでいた鎌倉稲村ケ崎五一五番地の自宅の庭での写真であろう。山川均みずから設計したという、ガラスの多いモダンな「文化住宅」である。背後に見えるガラス窓は、からりと開け放たれて、室内のきちんと絞ったカーテンも見えている。その窓際に植えられた薔薇は、窓の高さもこえて伸びて、主人夫婦の丹精によるのか、たくさんの花をつけて満開である。「おんな二代」の両主人公、母千世と娘菊栄とが五月の日を浴びてちょっとまぶしげに、その薔薇の花の前の芝生の上に立っている。

安政生まれの母はこの年、満七十三歳、娘菊栄は四十歳だったはずである。白髪の小柄な千世はもちろん着物すがたで、腰も曲がらずしゃんとしているが、ちょっとたくしあげた袖の先には肌襦袢の白いレースの袖口を見せている。それが意外にハイカラといえばハイカラだが、そこから突き出た細い手には熊手の柄をまるで薙刀のように構えて持っているし、白足袋に草履の足は自然にちゃんと内股の「ハ」の字型になっている。なるほど水戸の儒家の生まれ、しかも「お茶の水」第１回生の首席であったおばあさまという気迫が、その顔にも小さなからだにもみなぎっている。

その母にくらべて菊栄のほうは、なんとまあ天真爛漫というか、天衣無縫のいでたちなのであろう。その飾り気のなさは、写真を見ているうちに、ほほえましくさえなってくる。母といっしょに庭の手入れなどをしていたところを、そのまま写真におさまったというのであろうか。あるいは家のなかで原稿書きか翻訳をしていたのを外から呼ばれて、いそいで出てきたところでもあったろうか。

簡単服とかアッパッパというのに近い木綿のワンピースを、それも脇や裾はしわくちゃのまま着て、突っ立ている。ベルトをしているのは、大正末、昭和の初め風のモダン・スタイルなのだろうが、そのおなかのあたりなどはまるで不恰好にだぼだぼである。その上に愉快なのは、長靴下をはいているらしい足に、黒い男物の下駄をつっかけているところだ。きっと夫均の庭下駄だったのだろう。下駄が大きすぎるものだから、足は開いたままである。

青山千世　1930年５月５日

振作を抱いて

頭はごく簡単な束髪、その下のまるっこい顔に銀ぶちらしい丸い眼鏡をかけている。日差しが強い上に少しばかりてれているのか、眉根にしわを寄せて、こちらを見ている。（以下略）　（岩波書店『山川菊栄集10』解題１　1981年12月）

取材の旅先で

1966年８月６日　水郡線塙駅プラットホームで　左は同行したしげみ

福島県塙町で町長に会う

『覚書幕末の水戸藩』執筆のための旅。茨城県生瀬郵便局で。
右から矢島せい子　塙作楽　菊栄　肥後英正局長　局長夫人

1965年３月８日　矢島せい子が撮した写真

旅先の長野県小諸駅前で。
主婦の友社の横光（右）と

1934年11月　東北地方冷害調査の折、岩手で均が撮影。東北線の急行から線路下で待っている子どもたちに投げ与えられている食堂車の残飯

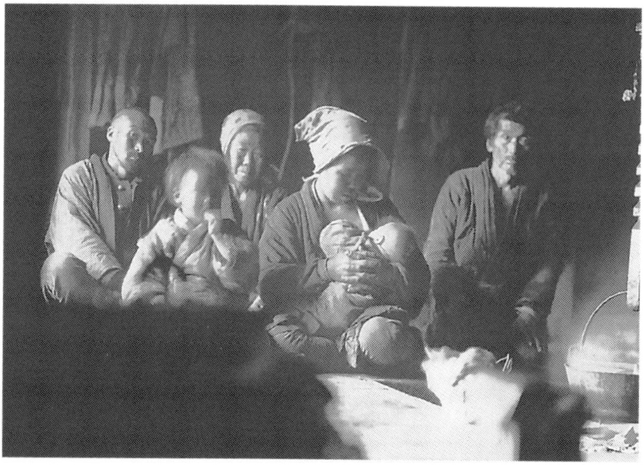

この２枚は、日時・場所が不明だが、農家の家族が写っていることと、農家の庭で均が加わっているので、ここに載せておく

ユーゴスラビア公使との交流

東京・大田区の雪谷小学校を訪ねたユーゴスラビア公使とその子ども。菊栄が通訳をつとめた。新聞にニュースとして報じられた。

藤沢の山川宅で
公使夫妻と山川美代と孫２人

コタツでユーゴ訪問のときの写真でも見ているのか

同窓の仲間・活動の仲間

番町小から府立第二高女に進んだ仲間と久しぶりに（後列右から４人目が菊栄）

第二高女卒業の同期会。一人だけ洋装が菊栄

1956年、番町小学校創立85周年記念でお呼ばれ（前列中央が菊栄）

女子英学塾（現津田塾大学）同窓の皆さん

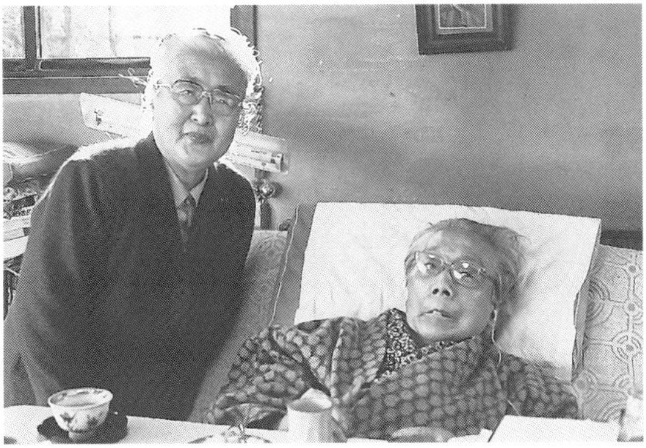

矢島せいこ（初期からの婦人問題懇話会会員、民俗学者、社会福祉運動家）

矢島の妹・沢村貞子（女優・随筆家）

女性史研究者もろさわようこ

大杉魔子を福岡に訪ねて

市川房枝、平塚らいてうと
（出版社の企画で顔合わせ）

大久保さわ子の仲間と

訪中団で一緒だった前川トミエ（女性初の
香川県議）と

右は井口容子（大阪府職）

石井雪枝夫妻（後列中央と右）と孫の２人と美代

社会党婦人部のメンバーと　前列左端西川好子　中央藤原道子　後列左から２人目菊栄

選挙事務所を訪ねて

初代神奈川県立女性センター館長金森トシエと

晩年の菊栄と初期の婦人問題懇話会メンバー
右より菅谷直子　大久保さわ子　石井雪枝
田中寿美子　岡部雅子

均全集の打ち合わせを兼ねて川口武彦が
お見舞いに

街を行く

銀座を行く

1942年　出廷の道すがら

戦後間もないころ

東大構内で1952年

畑のひと

先生より先生らしく

1952年　田村茂写

なんでもやってしまう均は屋根にも登った

今晩はかぼちゃです

ほんものの百姓です。
素手で素足でイモホリ

奥山医師

奥山伸医師

奥山医師とのつきあいは、振作の『医家四代』（私家版、1983年）にくわしい。奥山伸は北里柴三郎と共にワクチンの研究をし、その第一人者であった。菊栄は1916年結婚、翌年振作を出産するが、結核にかかっていたため、奥山医師に相談、その指導をうけた。均は1900年の最初の入獄で健康を損ない、常に肺・胃・腸のどこかが悪いという身だったので、奥山医師の元に通った。振作も青年期まで三田の奥山医院に世話になった。

三田にあったころの奥山医院

奥山医師が撮った均

山川均「妻の大望」

平林たい子さんがいつかじょうだんに、菊栄さんは干しイカみたいだと言われた話を思い出し、時代もののオーヴァーを着た後ろ姿をつくづく眺めると、なるほど干しイカがぶらさがっているのにそっくりで、さすが適評だと感心したことがある。たんねんにボロのつくろいなどをしているところは、山ノ内一豊の妻に劣らぬ心掛けをほめたくなるのだが、しかしこころみに私が、自動車（馬の代わりに）が一台あったらなと言ってみても、まだ買ってくれたことはない。それどころか、外出すると、きっと何か一つくらい持物を汽車や電車のなかに気前よく置いてくるが、いっこう惜しくもないらしい。たぶんあきらめのいゝ楽天家なのだろう。しかしおかげで結婚生活三十五年のあいだ、一度もグチや泣き言めいたことを聞かされなかった点では、私は仕合わせ者だと思う。

妻の多年の宿望は真空掃除機と電気洗たく機を備え付け、ダグウッドさんのところのように、冷蔵庫をあけさえすればいつでも料理のできた品が出てくることなのだが、この大望は成就しそうもない。

（『週刊朝日』シリーズ・妻を語る　1952年10月７日号）

1949年１月23日、さあ出かけますよ

孫たちに囲まれて

ぼくの三輪車こわさないで

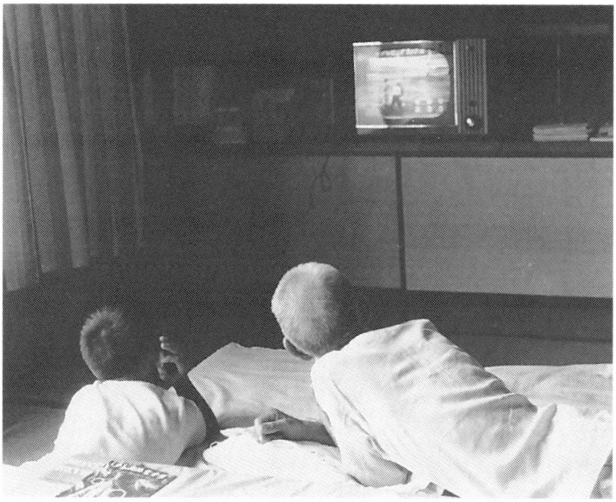

贈られたテレビで高校野球を見る均としげみ

さぁ　いってらっしゃい

姉・みづほ　弟・しげみ

母・美代

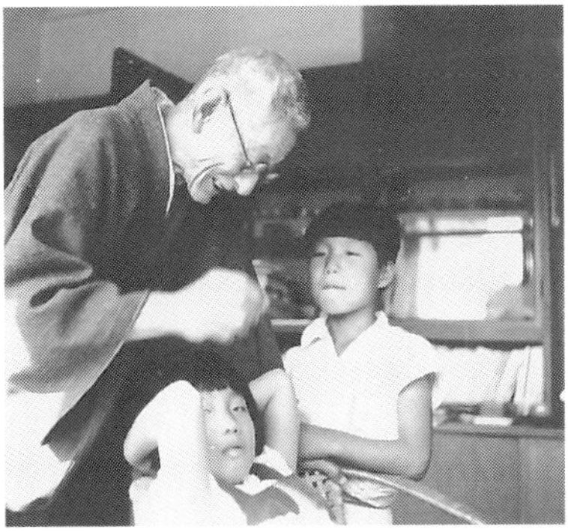

「なんでそんなにうれしいの」
1954年11月３日

そして父・振作

太めの人と細めの人　1954年８月４日

元気、元気でハイキング　先頭が美代・菊栄、二番手が布目夫妻、どん尻が岡部雅子としげみ

1979年11月３日　左から友子　山形秀子（友子の姉）　矢野邦彦（いとこ）
そしていぶき（ひ孫）も登場　バックにちょっと見えるのは菊栄・均の肖像画

1958年５月25日　こんなにいるんだからね　全員が親類（均の姉・林浦の系の面々）

岡部姉妹と小田原に遊んだとき　1962年７月８日

雪谷の山川一家と共に、弥勒寺で「おひとりさま」をする菊栄にとって支えとなった岡部雅子と

均を偲ぶ

1958年４月２日、東京・青山斎場での日本社会党葬場で話す菊栄

党葬には河上丈太郎　野坂参三　江田三郎　浅沼稲次郎　鈴木茂三郎　荒畑寒村らが参列している

1958年６月12日、福岡での追悼講演会での菊栄　川口武彦が「勤務評定」で講演している

1959年３月27日東京千代田区の市町村会館での山川均をしのぶ会
①石井雪枝　②近藤真柄　③藤原道子　④山川菊栄　⑤山川振作　⑥山川しげみ
⑦山川みづほ　⑧山川美代　⑨菅谷直子　⑩栗原光二　⑪添田知道　⑫足立克明
⑬平野みお　⑭上野晗子　⑮岡部美子　⑯岡部雅子　⑰佐藤保　⑱岡崎三郎
⑲山口敏一　⑳伊藤茂　㉑関山信之　㉒御園生等　㉓相原茂　㉔真木喜徳
㉕向坂逸郎　㉖木原実　㉗江田三郎　㉘只松祐治　㉙太田薫　㉚加茂詮
㉛上妻美章　㉜中村建治　㉝和田静夫　㉞松本弘也　㉟金子洋文

1958年６月に岡山で開かれた記念座談会

三池炭鉱労働組合本所支部で塚元支部長から紹介される菊栄

三池を訪ねて
(1961年6月)

深い結びつきをもつ三池と均について語る

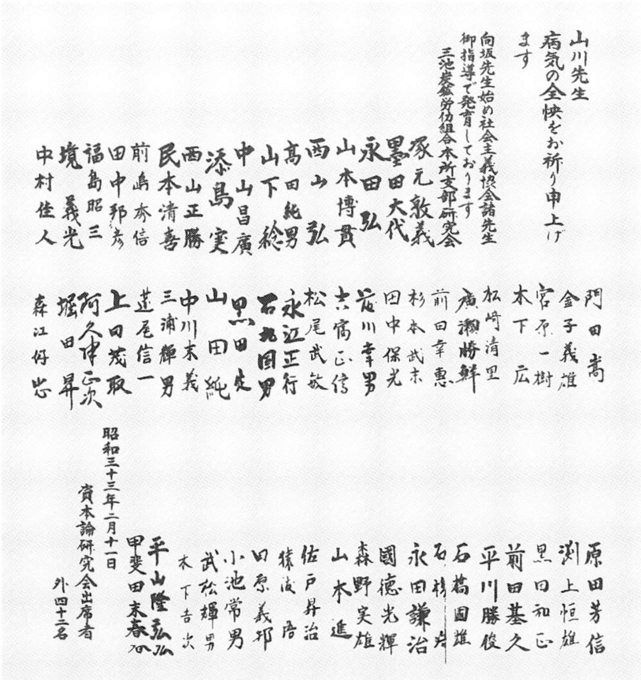

山川先生
病気の全快をお祈り申上げます
向坂先生始め社会主義協会諸先生
御指導で発育しております
三池炭鉱労働組合本所支部研究会

塚元敦義
墨田大代
永田弘
山本博貫
西山弘
高田純男
山下総
中山昌廣
添島実
西山正勝
民本清喜
前嶋秀信
田中邦彦
福島昭三
境義光
中村佐人

門田嵩
金子義雄
宮原一樹
木下広
松崎清里
廣瀬勝鮮
前田幸恵
杉本武未
田中保光
石川幸男
古高正信
松尾武敏
永江正行
石丸国男
黒田史
山田純
中川末義
三浦輝男
遠尾信一
上田茂取
阿久津正次
堀田昇
森江好忠

原田芳信
渕上恒雄
黒田和正
前田基久
平川勝俊
石橋国雄
石橋片
永田謙治
國徳光輝
森野実雄
山本進
佐戸昇治
猿渡啓
田原義邦
小池常男
武松輝男
木下吉次
平山隆弘
甲斐田末春

昭和三十三年二月十一日
資本論研究会出席者
外四十二名

1958年２月均の病床に届いた
三池からの見舞いの寄せ書き

キャップランプをつけた石炭人形を贈られて記念の色紙を書く

色紙

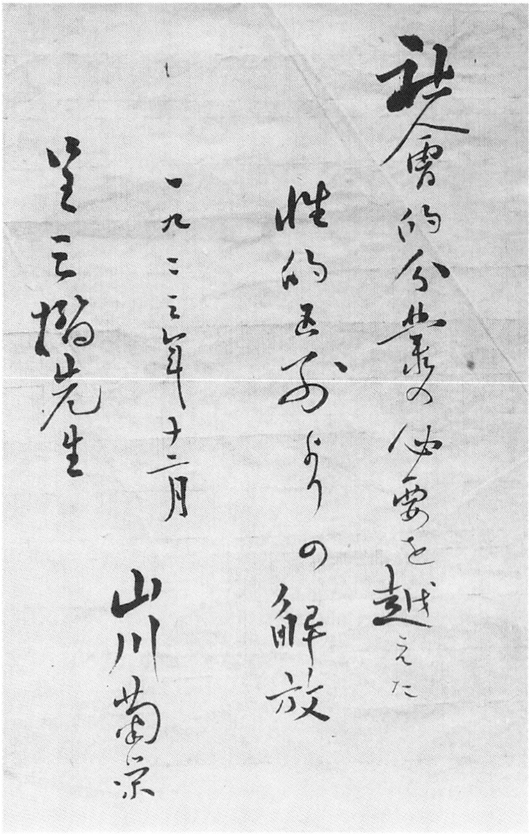

社会的分業の必要を越えた性的区分よりの解放　1923年

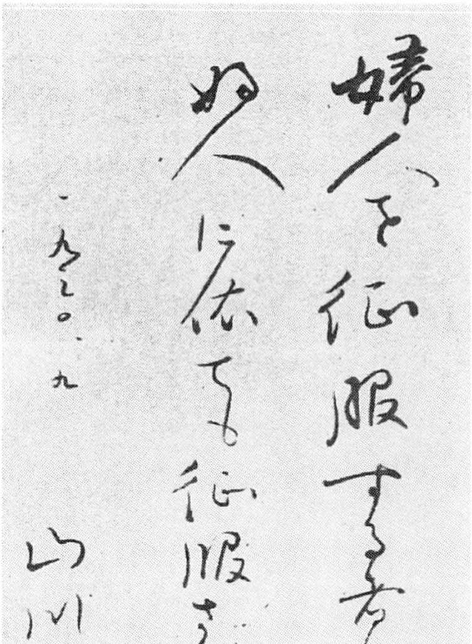

婦人を征服する者は、婦人に依ても征服される　1930年

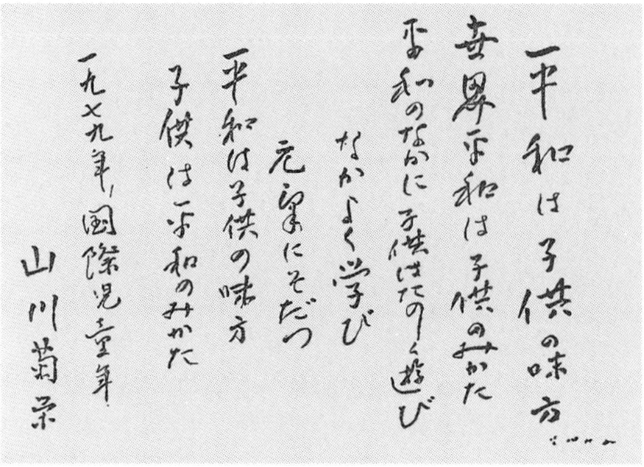

国際児童年に寄せて　1979年

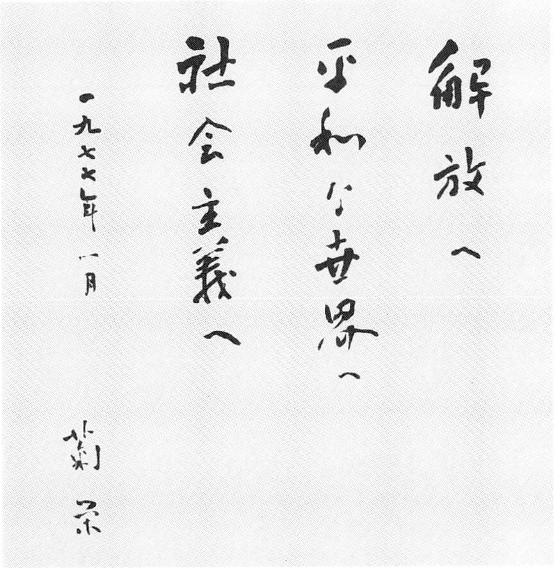
解放へ
平和な世界へ
社会主義へ
菊栄

結成15周年を迎えた日本婦人会議（現I女性会議）に贈った色紙　1977年

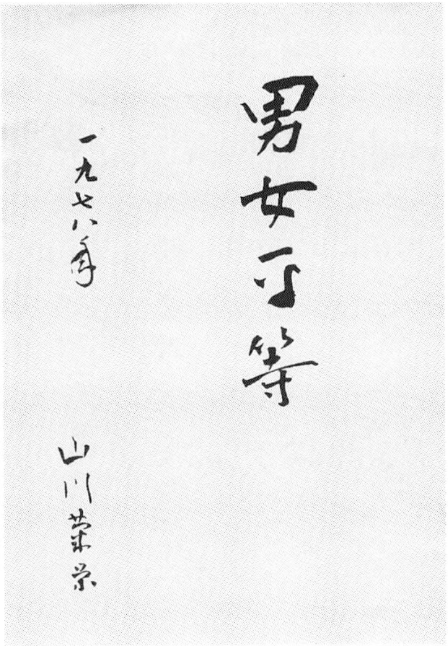
男女平等
一九七六年
山川菊栄

男女平等　1976年

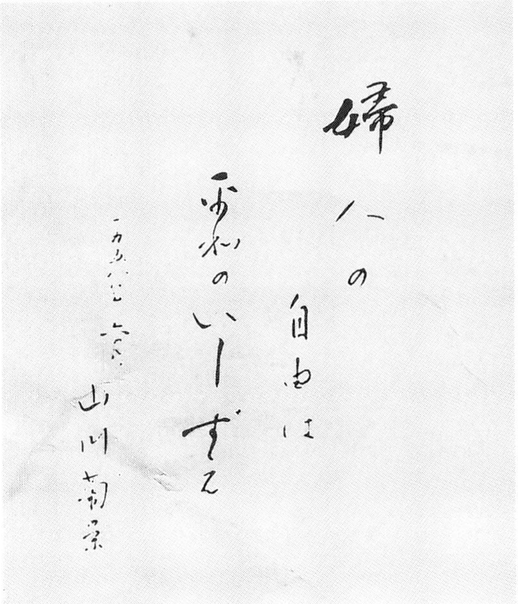
婦人の自由は平和のいしずえ
山川菊栄

婦人の自由は平和のいしずえ　1958年

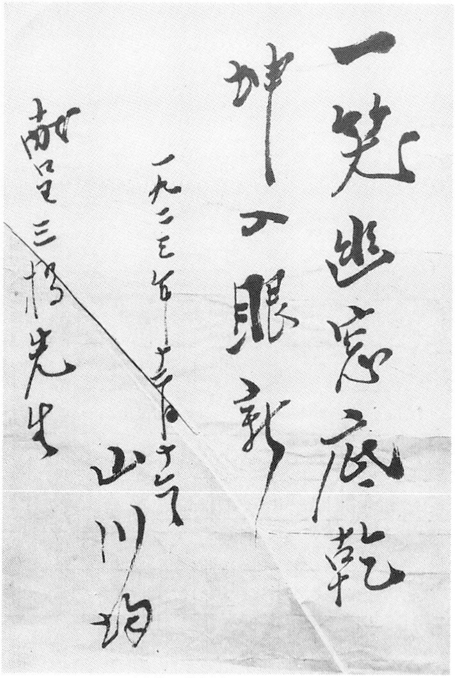

一笑す幽窓の底《ところ》　乾坤《けんこん》眼に入って新なり
幸徳秋水が2010年冤罪の「大逆事件」で捕まり、その獄中で書いた漢詩の末尾

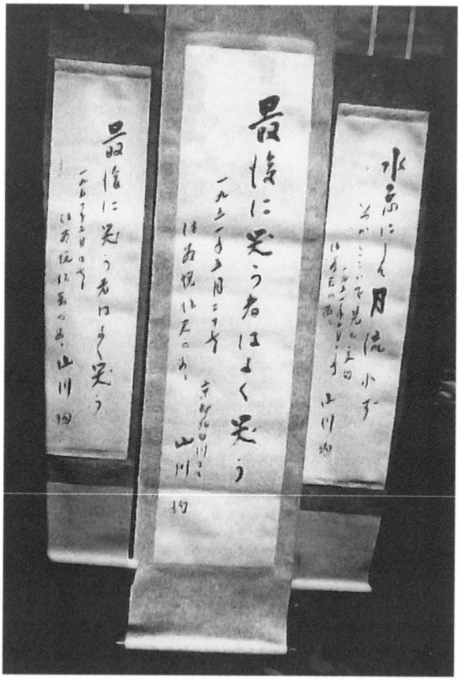

「1951年５月27日京都北白川にて　住谷悦治君の為に」とある。均が同志社に招かれたのは55年である。

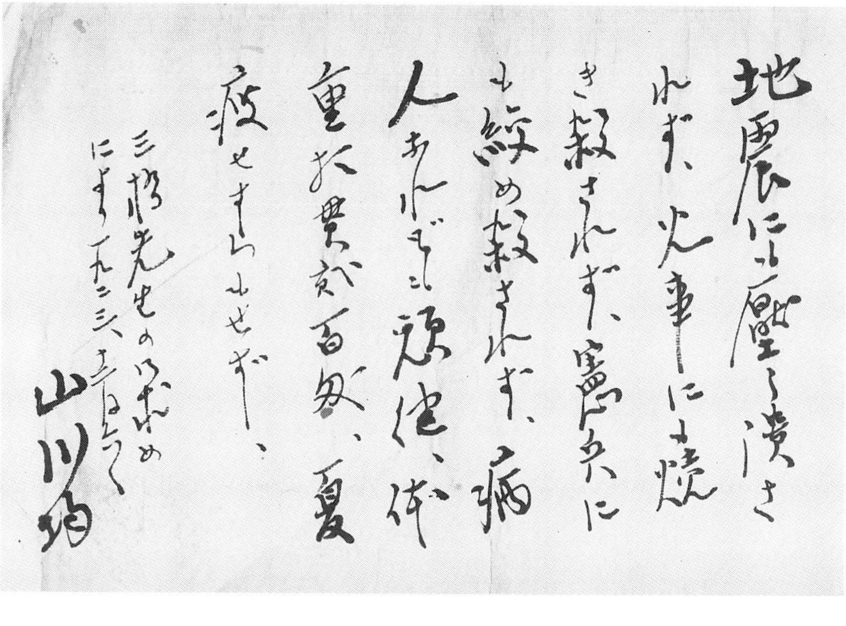

地震にも圧し潰されず、火事にも焼き殺されず、憲兵にも絞め殺されず、病人なれども頑健、体重拾貫弐百匁、夏痩せすらもせず、

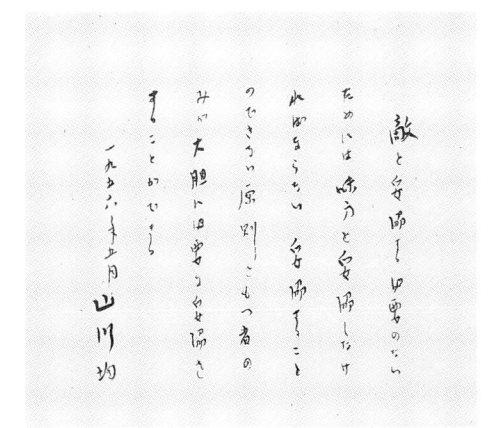

敵と妥協する必要のないためには味方と妥協しなければならない。妥協することのできない原則をもつ者のみが、大胆に必要な妥協をすることができる。

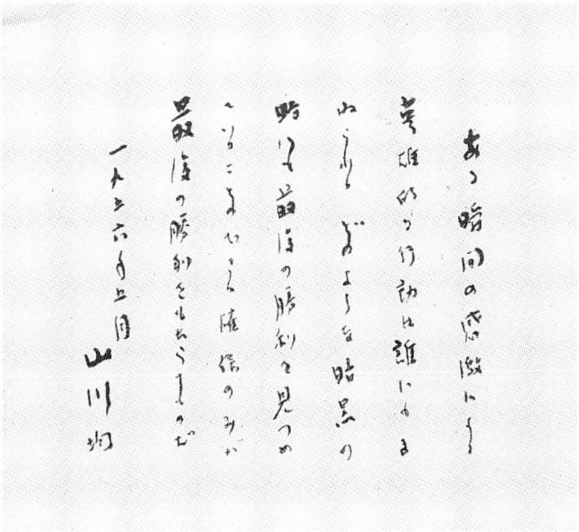

ある瞬間の感激による英雄的な行動は誰にもまねられる。どのような暗黒の時にも最後の勝利を見つめていることのできる確信のみが、最後の勝利をもたらすものだ。

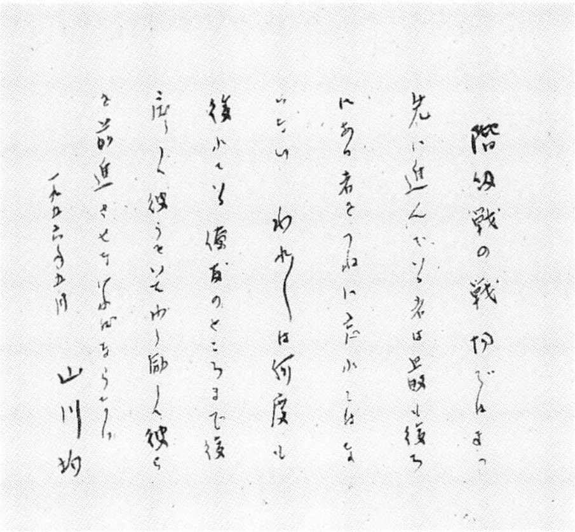

階級戦の戦場では、まっ先に進んでいる者は、最も後ろにあるものをつねに忘れてはならない。われわれは何度も後れている僚友のところまで後戻りして、彼らをいたわり励まして彼らを前進させなければならない。

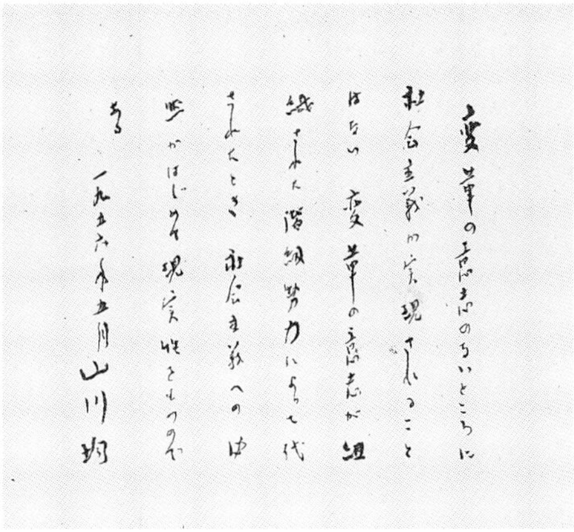

変革の意志のないところに社会主義が実現されることはない。変革の意志が組織された階級勢力によって代さ（ら）れたとき、社会主義への必然がはじめて現実性をもつのである。

《岩波書店『山川均自伝』には下の二本も収録されている》

最後の勝利をうるまでは、おそらくわれわれは何度も負けるだろう。あるいは負け続けるかもしれない。なぜならば、われわれが負けなくなった時は、われわれが最終的に勝つ時だから。われわれは負けることによっても強くなることができる。

われわれの敵はわれわれを非難しわれわれを攻撃しわれわれを嘲笑しわれわれを征服しえたかのような幻影をいだくかもしれない。しかし最後に笑う者がよく笑う者だ。科学的理論の上に立つ者のみがあらゆる敵を征服する。

雑誌タイトル

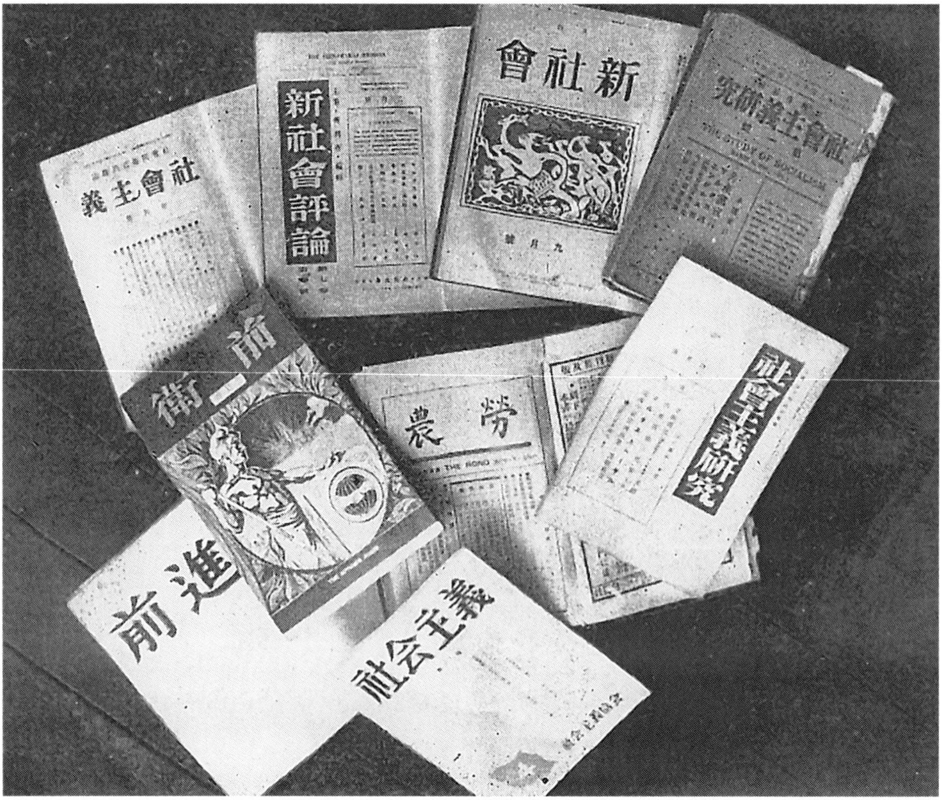

山川夫妻がかかわりをもった雑誌は、執筆記録から拾うと、戦前だけでそれぞれ50誌を越す。戦後となるとその数はずっと多くなる、ここには２人が主な執筆者・発行人・編集人になったもののみを拾った。

『社会主義研究』 1906年
『新社会』 1915～20年
『社会主義』（日本社会主義同盟機関誌） 1920年
『社会主義研究』 1920～23年
『新社会評論』 1920年２～９月（『新社会』を改題）
『前衛』 1921～23年
『労農』 1927～32年
『前進』（戦後版） 1947～50年
『社会主義』 1956年～

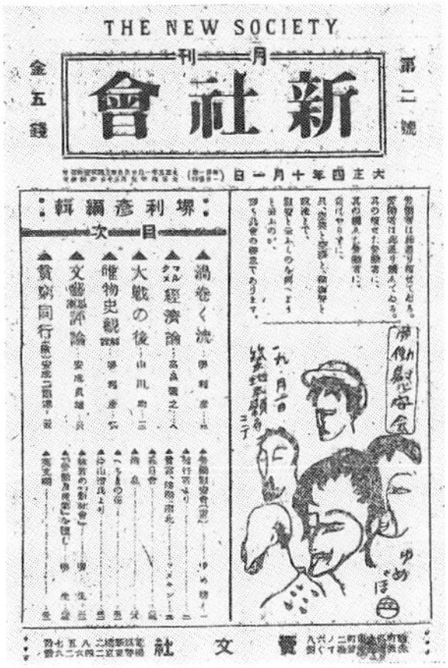

『新社会』創刊号
1915年10月1日発行。
『へちまの花』(1914年1月～15年9月)の改題のため「第2巻2号」とした。

1927年12月創刊号
32年5月最終号

1935年6月創刊号
同11月最終号

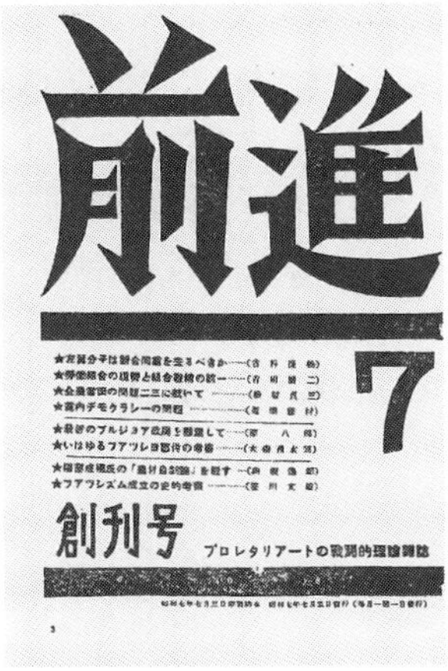

1932年7月創刊号
11冊のうち8冊が発禁、33年7月に最終号

1947年8月(戦後版)創刊号
50年9月終刊

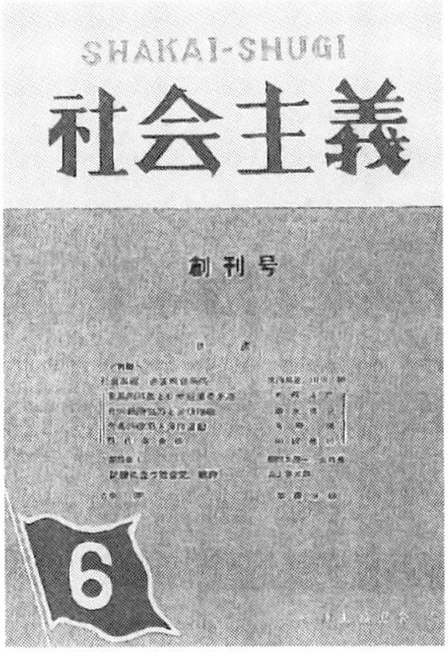

1951年6月創刊号
社会主義協会機関誌

菊栄が左派社会党婦人部と協力して発刊した『婦人のこえ』（1953年10月〜61年９月）最初の編集委員は藤原道子、河崎なつ、榊原千代、三瓶孝子、鶴田勝子。２号からは、菅谷直子が編集長

婦人問題懇話会会報　1962年４月、婦人問題懇話会は、石井雪枝、田中寿美子、菅谷直子、伊東すみ子、渡辺美恵らと菊栄が、女性問題を総合的に研究する組織として設立

均に関する調査・手記

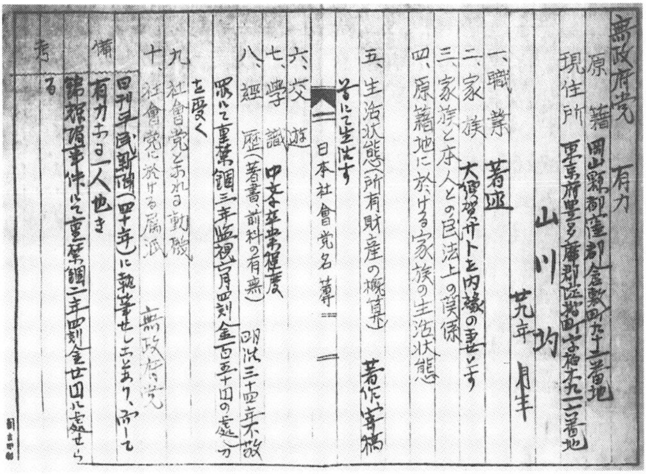

無政府党 有力
原籍 岡山縣都窪郡倉敷町
現住所 東京府豊多摩郡淀橋町
山川均
一、職業 著述
二、家族 大須賀サトを内縁の妻とす
三、家族と本人との民法上の関係
四、原籍地に於ける家族の生活状態
五、生活状態（所有財産の概算） 著作等稿
著作にて生活す
日本社會党名簿 二 一
六、交遊
七、學識 中学卒業程度
八、經歴（著書、前科の有無） 明治三十四年不敬罪にて重禁錮三年監視一年
九、社會党と為れる動機
十、社會党に於ける屬派 無政府党
備考 有力なる一人也

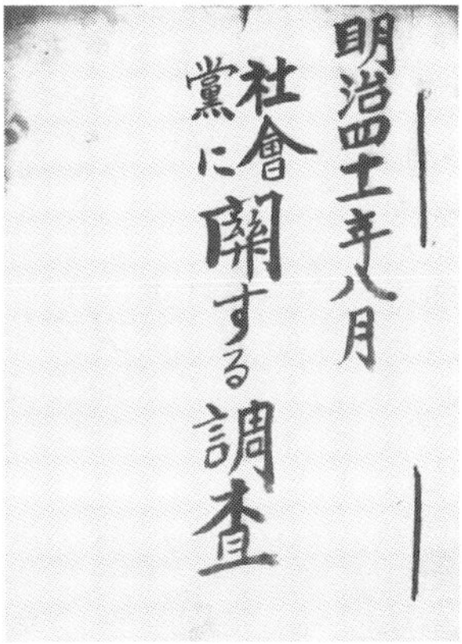

明治四十一年八月
社會黨に關する調査

1908（明治41）年　警察がつくっていた均に関する情報

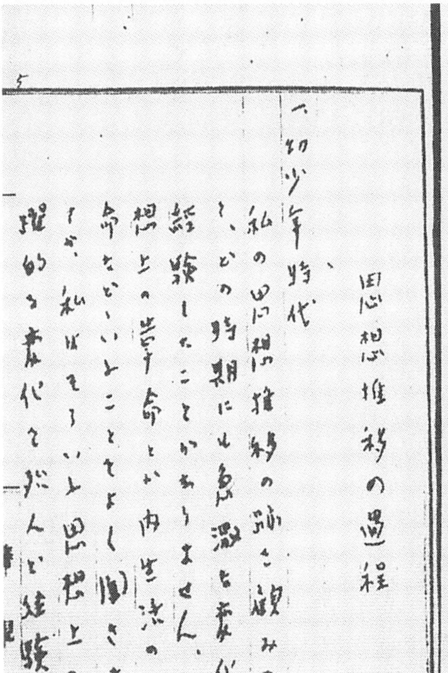

思想推移の過程
一、幼少年時代
私の思想推移の跡を顧みます
と、どの時期にも急激な変化を
経験したことがありません。思
想上の革命とか内生活の革
命などいふことをよく聞きま
すが、私はそういふ思想上の飛
躍的な変化をいちども経験し

1938（昭和13）年『東調布署手記』として残されたもの

清水崑筆の山川夫妻
『文芸春秋』(1952年2月号)

漫画＆イラスト

「山川菊栄文庫目録稿」
1988年10月現在

『姉妹よ、まずかく疑うことを習え』のチラシより　山上博己筆

下川凹天筆

『日本読書新聞』（1952年１月16日）清水崑筆

望月桂筆　均は玄人はだしのカメラ好き。また綿棒で鼻薬をつけていた——という身近にいた同志だけが画けた漫画

遺品＆愛用品

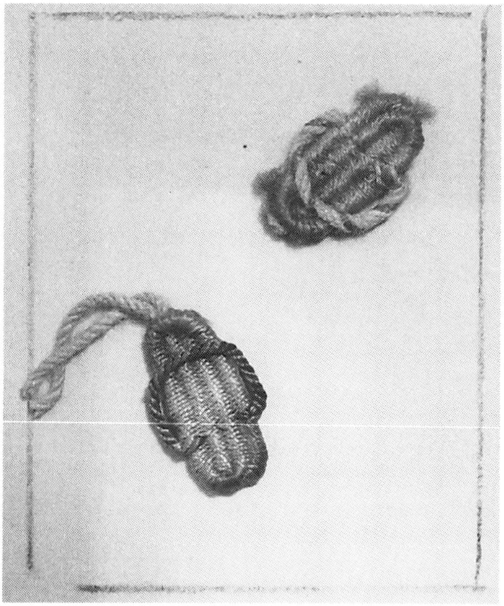

監獄の仲間がつくったというゾウリをみやげに持ち出したものか

均が1908年の赤旗事件により千葉監獄に入ったとき囚人着に縫い付けた布製の番号。天地２寸４分左右１寸８分の寸法書きがしてある。

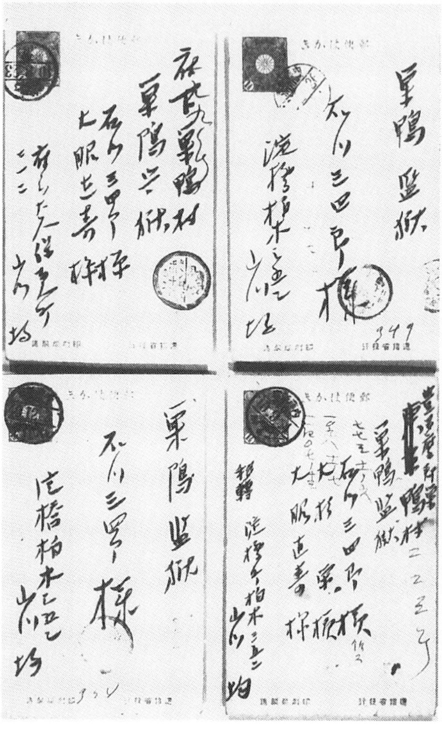

均が1908～09年に石川三四郎（七七三一ノ六）、大杉栄（一〇九八一ノ七）、大脇直寿（一一四〇七ノ十三）に出したハガキ。宛名がストレートに巣鴨監獄。受取人氏名ではなく囚人番号（カッコ内）で処理されている。

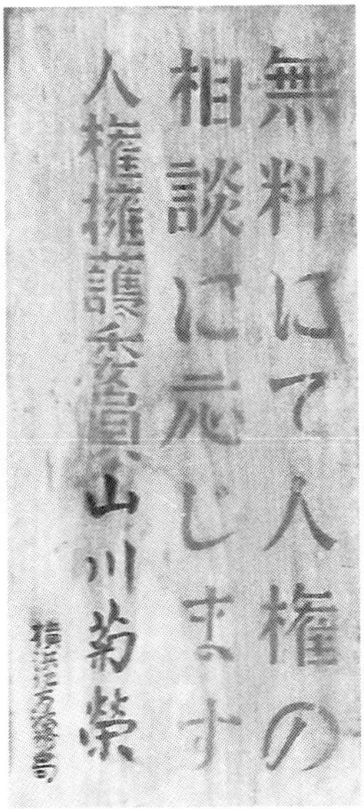

人権擁護委員もやっていました

菊栄愛用の英文タイプライター（神奈川県立図書館蔵）

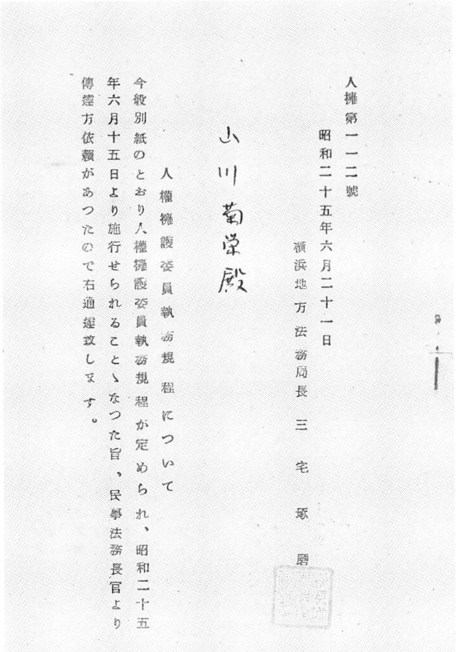

人擁第一一二號

昭和二十五年六月二十一日

横浜地方法務局長　三宅琢磨

山川菊栄殿

人權擁護委員執務規程について

今般別紙のとおり人權擁護委員執務規程が定められ、昭和二十五年六月十五日より施行せられることゝなつた旨、民事法務長官より傳達方依頼があつたので右通達致します。

人権擁護委員任命書

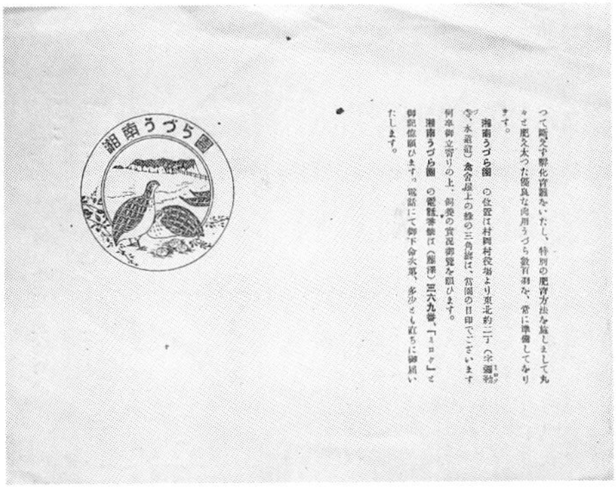

うずら園の宣伝物

曽祖父の青山延于

菊栄の祖父母の
延寿・きく　母千世

左から松栄・菊栄・千世・敏雄・志都栄

母千世・
父竜之介

家系図

岩波文庫『おんな二代の記』の図（鈴木裕子作成）を参照した

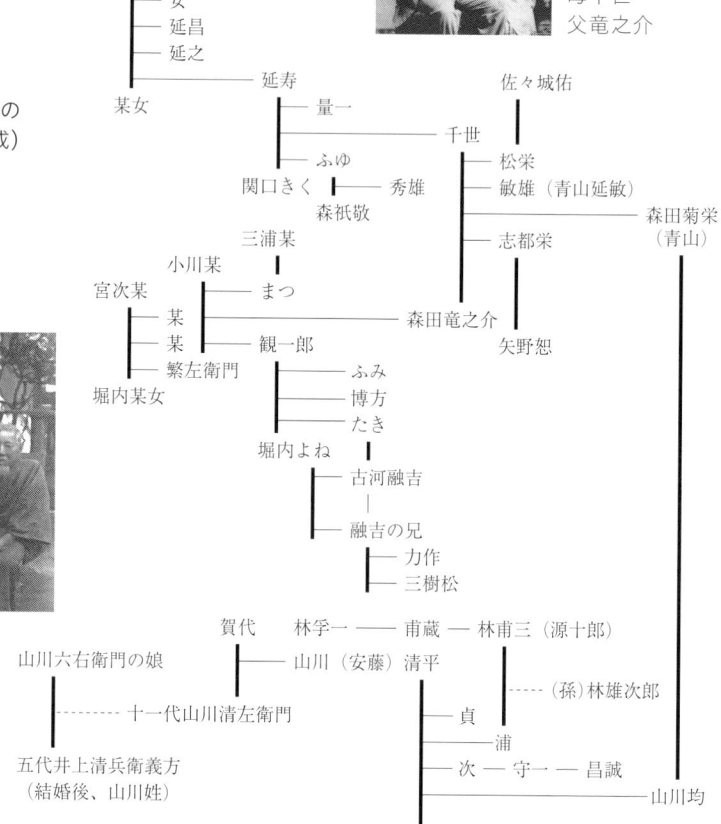

青山延于
延光
勇
女
女
延昌
延之
延寿
某女
量一
千世
ふゆ
関口きく
秀雄
森祇敬
佐々城佑
松栄
敏雄（青山延敏）
森田菊栄（青山）
志都栄
三浦某
小川某
まつ
宮次某
某
某
繁左衛門
堀内某女
森田竜之介
矢野恕
観一郎
ふみ
博方
たき
堀内よね
古河融吉
融吉の兄
力作
三樹松
賀代
林孚一
甫蔵
林甫三（源十郎）
山川六右衛門の娘
山川（安藤）清平
（孫）林雄次郎
十一代山川清左衛門
貞
浦
次
守一
昌誠
五代井上清兵衛義方
（結婚後、山川姓）
山川均
生長尚

均の父・清平、母・尚
と山川家の３人

岡部4姉妹の3人

- 森田菊栄 ― 山川均
  - 振作
- 佐木熊四郎 ― 南民
  - 秋夫
  - 岡部連
    - 雅子
    - 桂子
    - 美子
    - 佑子
  - 豊
  - 崇夫
  - 美代
- 美代 ― 振作
  - みづほ
  - しげみ
- しげみ ― 山形友子
  - いぶき
  - みを
  - ありそ

ひ孫のいぶきと対面

全員集合

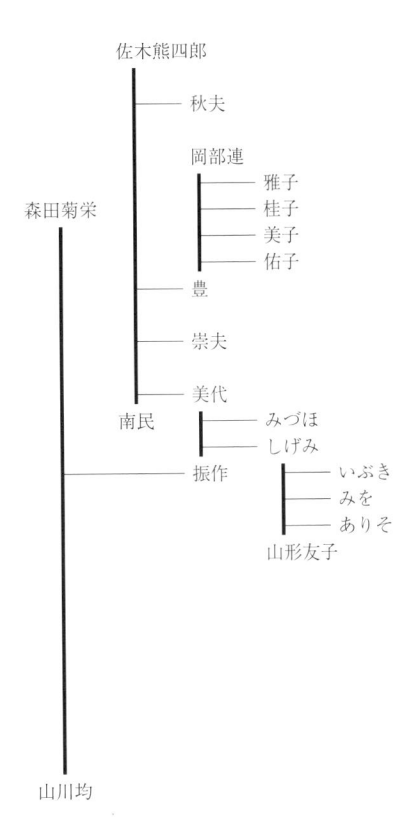

山川家の墓

倉敷市長連寺山門横の山川家の墓地。上はその外、右はその内

山川均　1880. 12. 20　1958. 3 . 23
山川菊栄　1890. 11. 3　1990. 11. 2　ココニネムル

1880（明治13）年～1990（昭和55）年

均＝偶数頁、菊栄＝奇数頁が基本

※２人の歳は満年齢で表記、その年の誕生日までにあたる
岩波書店『新装増補　山川菊栄集』別巻（鈴木裕子編集）の年譜等を参照した

尋常小学校の頃

父・清平

母・尚

***1879*琉球処分　*84*秩父事件　*87*『国民之友』　*88*『日本人』　*89*新聞『日本』　大日本帝国憲法**

1880（明治13）年
12月20日、岡山県窪屋郡倉敷村（現倉敷市）に、父・清平、母・尚の第３子（長男）として生まれる。元の代官陣屋の敷地に、父は果樹を植え、野菜を作り、麦や雑穀を、鶏を飼い、桑を植えて養蚕もやった。沼地を県から借り下げて養魚とレンコンの栽培もしたが、この農場経営は失敗。
1882年には、この土地は人手に渡り、85年には倉敷紡績会社が創立しその一部となった。

1885（明治18）年
菊栄の祖父・青山延寿が全国周遊のおり倉敷で、均の義兄の祖父にあたる林孚一に会っている記録が、延寿の著書『大八洲遊記』の８月８日のくだりにある。

1887（明治20）年　均６歳
４月、明倫小学校に入学。均は被差別部落の級友と、ただ一人差別なしに交際した。1880年に、実家は糸物商を始めるために、田畑の一部を処分したが、1991年を最後に二町歩ほどのすべてを手放した。２月に糸物商「和製舶来万糸物類」（山川糸店）を開店。

1888（明治21）年　均７歳
３月、上の姉の浦が林源十郎と結婚。２人の姉は当時としてはめずらしく、ミッションスクールの神戸女学校と、岡山の山陽英和女学院に学んでいる。林家は代々が薬商で、均が出獄後の生活を倉敷で立てるとき、薬屋の支店を出させてもらうなど、なにかと世話になる。婚礼の披露の席で、８歳の均は、姉を他家に「やる」ということが承服できないとダダをこね、家に帰れといわれても、姉と一緒でなければ帰らぬとがんばった。

16歳の頃、同志社在籍時。右が浜田仁佐衛門

『青年の福音』第２号　1900年４月１日刊

_1890_教育勅語　第１回帝国議会　_91_足尾鉱毒事件　_94_朝鮮で東学党蜂起、日清戦争（～_95_）

1890（明治23）年　均９歳
尋常小学校時代に、座席の机の小さな穴に紙に書いた時計の針が廻るしかけをとりつけ、教室のスミに立たされる罰に処せられた。
1891（明治24）年　均10歳
３月、小学校尋常科を卒業。４月、倉敷ほか六ケ村の組合学校・高等精思小学校入学。大原孫三郎がいた。４年生のころ、「男に歌を！」と当時の軍歌を歌わされると、オルガンに背を向けて替え歌を歌ったりサボタージュをしたりした。「器械なしにうつる写真術秘法を教える」との広告で取り寄せた印刷物をもとに土蔵に立てこもって製作にあたる。このカメラの趣味は生涯つづく。
1895（明治28）年　均14歳
３月、高等精思小学校卒業。東京に遊学する希望は父の反対で挫折したが、京都の同志社への遊学がかない、補習科に入った。
1897（明治30）年　均16歳
尋常中学３年に編入された翌97年の春、仲間２人と「タライのなかの竜巻」ほどの小さな騒動をおこし、同志社を退学した。いったん倉敷に帰り、８月に東京に出て「遊浪学生」となる。『二六新報』創始者秋山定輔宅に寄宿。守田文治（有秋）と交わる。「東京政治学講演会」で三宅雪嶺、片山潜などを聴講する。守田ともう一人同郷の青年とで共同生活始まる。
1900（明治33）年　均19歳
３月、守田と小雑誌『青年の福音』創刊。５月号の第３号に掲載した守田執筆「人生の大惨劇」の記事により取り調べ（不敬罪）を受け、５月31日判決で禁固３年６か月、罰金120円、監視１年に処せられる。控訴、夏、チブスのため保釈、

5歳の菊栄

7～8歳頃の菊栄

95下関条約　朝鮮で閔妃殺害　97労働組合期成会　98社会主義研究会　97中国で義和団蜂起

1890（明治23）年
11月3日、東京市麹町区（現千代田区）四番町で父・森田竜之助、母・千世の第3子（次女）として生まれる。姉・松栄（4歳）、兄延敏（2歳）がいた。父・竜之助は、政府の命により欧米に肉食業の研究に派遣され、帰国後も国内でハムやかんづめの仕事を広めるために東奔西走。菊栄誕生のころは北海道庁勤務ということで、勢い、森田家の母千世中心の母系家族で育つことになった。母千世の父（菊栄の祖父）青山延寿が隣に住んでいて、千世と延寿は「親子でもあれば師弟でもあり友達でさえもある」というふうであった。
1894（明治27）年　菊栄3歳
妹・志津栄が生まれたこの年は、日清戦争の年である。近所の招魂社（現靖国神社）では、戦利品が陳列されたこと、北白川宮の葬式にボロ服の兵隊が来ていて、見物人の中からすすり泣きが起ったことなど、菊栄の記憶のはじまりは戦争が深く根づいている。
1895（明治28）年　菊栄4歳
招魂社裏の私立の富花小学校にひと冬通う。
1896（明治29）年　菊栄5歳
3月に改めて番町小学校の1年生となる。姉と兄は母から論語の素読や英語の初歩を習い、祖父から漢詩、書を習い、歴史の話を聞くなどしていたが、菊栄は別。ただ姉兄の読み物、『少年世界』、少年叢書、帝国文庫などは共有財産で、やがて『古今集』、『新古今集』、『唐詩選』など、正月の遊びの中でひとりでに覚えた。
1899（明治32）年　菊栄8歳
5月10日、東宮（後の大正天皇）の結婚奉祝の歌を歌いながら宮廷馬車の2人を間近に見る。

「日刊平民新聞」時代。上段左が均、
中段左から３人目が大須賀里子

義兄林源十郎薬店
岡山支店店主の頃

赤旗事件の旗　左から
大須賀里子　堀保子

***1901*社会民主党結成　田中正造足尾問題直訴　*02*日英同盟　*03*『万朝報』に「反戦論」『平民新聞』**

1901（明治34）年　均20歳
７月、控訴審判決が出る。一審と同じ。服罪し、巣鴨監獄に入る。02~03年獄中。
1904（明治37）年　均23歳
６月、仮出獄、平民社を訪ね、幸徳秋水と会う。10月、義兄の薬店・岡山支店をまかされる。
1905（明治38）年　均24歳
薬店経営に従事
1906（明治39）年　均25歳
２月、日本社会党に入党。10月、社会党機関紙『日刊平民新聞』創刊に編集部員として参加するよう幸徳にすすめられる。12月、林薬店をやめ、上京、錦町に下宿。堺利彦に初めて会う。
1907（明治40）年　均26歳
１～４月、『日刊平民新聞』の編集に従事。８月、社会主義夏季講習会（九段下のユニヴァサリス教会）。９月以降、金曜講演会で講演。10月、堺とリーフレット『労働者』を発行。
1908（明治41）年　均27歳
１月17日、金曜講演会のいわゆる屋上演説事件で検挙され、堺、大杉栄とともに治安警察法違反で軽禁固１カ月。巣鴨警察に入る。３月26日出獄。４月３日、栃木県佐野市での両毛社会主義同志会の大会に大杉、守田、佐藤悟らと参加、田中正造も来会。４月28日、大須賀里子との結婚通知。６月28日、赤旗事件で検挙され、懲役２年の判決で８月、千葉監獄に入獄。
1910（明治43）年　均29歳
９月８日出獄、里子の告白を聞く。里子を郷里に送り、倉敷に帰る。９月20日、両親と岡山県宇野築港に転居、山川薬店を開業。年末大須賀を呼び寄せる。

1907年３月　高女卒業時
（左から三宅よし　菊栄　加藤やす）

***04*日露戦争　*05*講和反対国民大会　*06*日本社会党　*07*『日刊平民新聞』　*08*屋上演説事件　赤旗事件**

1901（明治34）年　菊栄10歳
番町小学校で女性の服装改良（和服から洋服へ）の話を聞き、即実施するも芳しくなし。
1902〜06（明治35〜39）年　菊栄11〜15歳
東京府立第２高等女学校（現都立竹早高校）入学。１年上に徳永恕（後の二葉保育園園長）などがいた。テニスに熱中し、樋口一葉全集を読む。延寿が水戸に引込む折、「お前は新聞が好きだから」と日清戦争の号外をひとまとめにしたのをくれる。延寿の死に伴い、青山家を継ぐ（のち隠居、結婚前に森田姓復籍）
1907（明治40）年　菊栄16歳
３月、高女卒業。４月、国語伝習所に入る。５月半〜７月半、成美女学校で開かれていた閨秀文学会（金葉会）などに出かけ進路を探る中で、馬場孤蝶、与謝野晶子、平塚らいてう等に出会う。
1908（明治41）年　菊栄17歳
１月ごろ、平塚の依頼で、回覧雑誌（１号のみで終わる）に、1904年の父の借財のため家財が競売されたときのことを書き残す。９月、女子英学塾（現津田塾大学）予科に入学。暮に救世軍の山室軍平らと東京府下押上の富士瓦斯紡績工場を見学、働く少女たちの姿にショックを受ける。
1909（明治42）年　菊栄18歳
同級生の夫となる藤井悌（内務官僚）から、工場法（1911年公布、16年施行）の話を聞き、丸秘印の押された『職工事情』を借りる。
1910（明治43）年　菊栄19歳
英作文の題に「婦人参政権」「婦人の法律上の地位」などが出、欧米の運動上にあらわれた多様な論争を調べた。

旧友浜田仁左衛門（1931年没）・
妻亀鶴の墓。墓碑銘は均の書

1911大逆事件判決／処刑　売文社　『青鞜』　12友愛会（20年日本労働総同盟友愛会に改称）

1911（明治44）年　均30歳

１月、幸徳秋水、菅野須賀子ら12人が処刑され、12人が無期懲役に処せられた大逆事件で均は、入獄中のため検挙を免れた。千葉監獄に入獄中から始めたフランス語の勉強をつづける。『資本論』などほとんどの書物には、東京から監視のために来た役人に「看読不許」のハンコを押されて、残ったのは外国語の字引の他、数冊の本だけだった。フランが暴落したので、フランスから運動に関する書物、資料を心おきなく取り寄せ学習する。副業ではじめた写真屋もなかなかに繁盛した。

1913（大正２）年　均32歳

５月27日、大須賀里子と死別。半年にわたる看病の記録「仰臥」をまとめる。

1914（大正３）年　均33歳

１月、桜島の大爆発を聞き、鹿児島へ同志社時代の友人で一緒に退学した浜田左衛門夫妻を見舞う。

1915（大正４）年　均34歳

２月、浜田の紹介で福岡で山羊50頭を譲りうけ、乳屋をすることにして、宇野の薬屋をたたむ。しかし福岡では借家と土地の話がことごとく、その筋の横槍で破談。５月鹿児島の浜田家を頼りに鹿児島市で山羊農場を開いたが、とても目鼻がつきそうもなく、断念。年末に倉敷に帰る。この間、７月一時上京し堺利彦（売文社社長）と相談、地方に身をおきながら『新社会』（９月１日から『へちまの花』を改題）に10月より寄稿をはじめる。大杉・荒畑の『近代思想』にも寄稿している。12月、1900年の『青年の福音』事件で連座した守田有秋が、ドイツに「二六新聞」特派員として出国するにあたり、挨拶に立ち寄ったのを、長崎の埠頭まで送る。

女子英学塾の友達　左から菊栄
安香はな子（のち森田草平夫人）、
和田陽子（のち佐竹安太郎東北大
学総長夫人）

1914年　上の３人に
会津なおが加わる

***14*シーメンス事件　『へちまの花』　第１次世界大戦　*15*日華条約締結（21ケ条要求）『新社会』**

1911（明治44）年　菊栄20歳
語学の英学塾だから語学中心で当然だが、それで満足できず、東京大学の規則書に「これこれの資格ある学生には入学を許す」とあるのを発見。東大聴講の工作をするも、東大からは「学生」とは当然男子のこととの返事。女高師、日本女子大にも入学希望者があり、1913年、官立大学では東北大学が女子学生に門戸を開いた。

1912（明治45・大正１）年　菊栄21歳
３月、女子英学塾卒業。三省堂英語辞典編集手伝いや翻訳、家庭教師等の収入を家計支援に当てる。７月、天皇死去し、「明日からはすばらしい美しい、明るい日がくる」と心はずませる。

1913（大正２）年　菊栄22歳
３月、青鞜社主催の講演会、YWCA関係の真新婦人会の講演会などに参加。兄の延敏と行った政談演説会で田中正造の話を聞くが、巡査から「女子の政談演説傍聴は禁止」と注意され、「私がここにいても誰の邪魔にもならないでしょう。あなたは知らん顔しておいでなさい」と一言言って……。

1914（大正３）年　菊栄23歳
３月、『番紅花』（尾竹紅吉、英学塾同窓の神近市子らの雑誌）にエドワード・カーペンターの翻訳を４カ月にわたり寄稿。

1915（大正４）年　菊栄24歳
８月、神近の誘いで、大杉のフランス語の夏季講習会に通うも、芳しくなく２週間を待たずにやめる。秋にも神近から声がかかって、大杉・荒畑寒村らの平民講演会という研究会に出る。男性ばかり15〜16人で、労働者の団結権、団体交渉権の話だった。

1916年　結婚記念写真

1920年　テーブルの上は『新社会』

*1916*吉野作造民本主義主張　*17*ロシア革命　*18*米騒動　シベリア出兵　新人会　黎明会

1916（大正５）年　均35歳

１月、上京し売文社で『新社会』の編集に携わる。２月10日、平民講演会で、菊栄と共に検束・一晩留置。５月、菊栄宅を訪れ、『新社会』への執筆依頼。９月、菊栄と婚約。11月３日、菊栄と再婚。麹町に新居を借家。12月大森新井宿に単身間借り。

1917（大正６）年　均36歳

３月、『新社会』に「沙上に建てられたデモクラシー」、吉野作造らの民本主義批判を開始。５月７日、日本初になるメーデー小集会で決議「ロシア２月革命の成功祝す」を起草、提案。９月７日、振作生まれる。11月７日、大森新井宿春日神社裏に借家。親子３人が合流。

1918（大正７）年　均37歳

３月、荒畑寒村とリーフレット『青服』を発行。４号（毎号発禁）で廃刊。同誌記事が「労働者を団結させて資本家に対抗させた」として新聞紙条例違反で禁固４か月。10月入獄。『新日本』10月号で筆名でしていた吉野作造批判は自分であることを明かす。この年、「露西亜革命と農民問題」「レーニン・トロツキー」「露西亜革命の過去と未来」などを発表。

1919（大正８）年　均38歳

２月、出獄。売文社を解散し、『新社会』の新発足に参加。山川主筆・山崎今朝弥編集『社会主義研究』刊。６月荒畑と労働組合研究会をつくる。11月30日、東大学生による「新人会」の園遊会に呼ばれて参加。最初の著書『社会主義の立場から』、『社会主義者の社会観』、『資本論大綱』など出版。

1920（大正９）年　均39歳

９月、茅ケ崎（茅ヶ崎海岸）で転地療養。

1920年

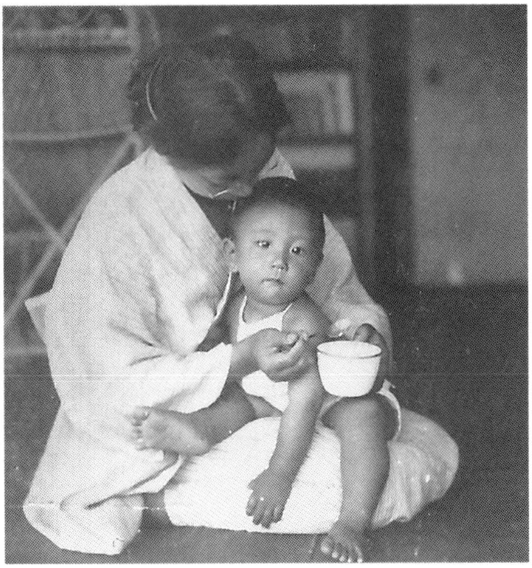

1918年　離乳食の頃

1918年９月（大森）

***19*講和会議　朝鮮３・１運動　中国５・４運動　『改造』　建設者同盟　*20*日本社会主義同盟**

1916（大正５）年　菊栄25歳
『青鞜』新年号で、伊藤野枝の廃娼運動批判を批判。２月10日、平民講演会の散会後、他の出席者と共に検束され（翌11日の紀元節に向けた予防拘束）、一夜留置。このとき均と言葉を交わす。５月、均からの『新社会』への執筆依頼に応じて、「公私娼問題」を書く。９月、均と婚約。11月３日結婚。麹町の借家に住む。12月、肺結核とわかり、奥山伸医師の指導で鎌倉稲村ガ崎に単身移り、週１回、注射を受けに上京。

1917（大正６）年　菊栄26歳
２月３日、父竜之助没。２月21日、ドイツの外交官の著作『私は告発する』（邦題『大戦の審判』）を翻訳出版。４月、生麦（現横浜市）に、８月、麹町の実家に移り、９月７日、順天堂病院で長男振作出産。

1918（大正７）年　菊栄27歳
８月、米騒動が始まり１週間、警官が家を包囲。11月、社会政策学会で講演。この年から与謝野晶子、平塚、山田わかとの「母性保護論争」

1919（大正８）年　菊栄28歳
ニューヨークの出版社を通して、アメリカ合衆国労働省婦人局に統計調査資料の送付を依頼（1941年12月まで続く）。６月、振作を連れ、倉敷へ。10月、『現代生活と婦人』『女の立場から』。12月均の母・尚重病のため看病で倉敷へ。

1920（大正９）年　菊栄29歳
４月19日、尚死去。倉敷の女性の深夜労働、金光地方で家族労働を調査。５月『解放』にメーデー解説、第１回メーデーに役立つ。６月、京都西陣の婦人労働調査。同24日、「六日倶楽部」で講演。12月、均の療養先（茅ヶ崎）に滞在。

1920年、東京大森・春日神社裏の家で

1923年、「方向転換」執筆の頃

***1921*『種蒔く人』　赤瀾会　神戸の造船所で争議　水曜会　*22*『前衛』　全国水平社　日本共産党**

1921（大正10）年　均40歳
2月、『社会主義研究』主筆＝山川均・山川菊栄となる。2月上旬、茅ケ崎から大森に戻る。5月10日、大森新井宿に自宅完成。8月、山川宅での研究会「水曜会」発足。9月、コミンテルンから極東民族大会（22年1月）への参加打診。
1922（大正11）年　均41歳
1月、堺、荒畑の協力で個人経営の雑誌『前衛』（編集発行人田所輝明）を創刊。3月3日、全国水平社結成大会（京都）に堺と共に参加。7月15日、日本共産党結党（堺は総務幹事、均は大森細胞所属）。8月、『前衛』に「無産階級の方向転換」執筆。9月30日、日本労働組合総連合結成大会を傍聴、検束され、大阪退去を命ぜられる。
1923（大正12）年　均42歳
3月号をもって『前衛』と『社会主義研究』の経営責任と発行をやめる。4月から両誌と『無産階級』を統合し『赤旗』を発行（7月から『階級戦』に改題）。6月5日、第一次共産党事件で家宅捜査を受ける（倉敷帰省中）。9月1日、関東大震災で新井宿の家全壊、麹町の菊栄の実家に避難。12月、兵庫県垂水の借家に療養を兼ねて疎開、7日後に西垂水海岸に移転。
1924（大正13）年、均43歳
1月、共産党事件で臨床尋問を受ける。6月、政治研究会発足、菊栄と共に神戸支部に所属。12月兵庫県垂水村高丸に転居。
1925（大正14）年　均44歳
4月、兵庫県御影町に転居。農民労働党の結成に協力。5月、日本労働組合評議会創立大会宣言・綱領草案を起草。夏、山川夫妻、無産政党綱領に婦人の要求を入れた政研神戸支部意見書提出。

朝鮮からの留学生朴順天・黄信徳が菊栄を訪ねたのは1923年夏。写真は戦後の２人

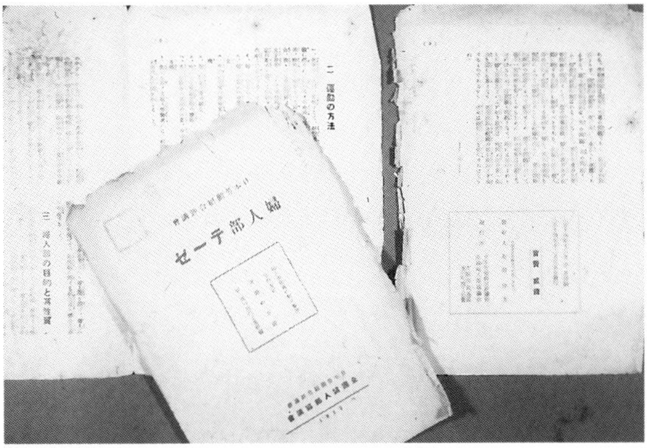

婦人部テーゼ

23『赤旗』　関東大震災　24第２次護憲運動　25治安維持法　日本労働組合評議会　農民労働党禁止

1921（大正10）年　菊栄30歳

２月、『社会主義研究』を「主筆＝山川均・山川菊栄」とする。４月24日、日本初の社会主義女性団体「赤瀾会」結成、７月から講習会。５月10日、明け渡しを要求されていた借家近くに自宅が完成。８月、社会主義研究グループ「水曜会」スタート。水曜会パンフレット刊行。

1922（大正11）年　菊栄31歳

３月８日（国際婦人デー）、「八日会」結成。４月、大森と鎌倉（第２のネグラ）で夫妻交代での転地療養（執筆）生活に。５月、『女性の反逆』刊行。７月９日、八日会、ロシア飢餓救済婦人有志会結成の裏方をつとめる。

1923（大正12）年　菊栄32歳

３月８日、第１回国際婦人デー記念講演会。ベーベルの『婦人論』（アルス）翻訳を、神戸の図書館で受験勉強中の花森安治が読む。初夏、在日朝鮮人留学生・朴順天、黄信徳ら来訪。９月１日、震災にあい、実家（森田）に逃れる。12月「暖かいところで静養を」の地に先行した均の住む兵庫県明石垂水（現神戸市垂水）に移る。

1924（大正13）年　菊栄33歳

振作（６歳）、垂水小学校に入学、百日咳に罹り、８月下旬、母子で東京の森田家に帰る。10月５日、総同盟関東同盟大会傍聴、左右分裂を予測。10月７日、垂水に帰宅。この頃水平社運動のリーダーの阪本清一、西光万吉、江成某らが訪ねてくる。

1925（大正14）年　菊栄34歳

３月、総同盟大会傍聴。５月、御影に移転。振作、私立児童の村小学校に、さらに６月、御影町立第二小学校に転校。10月、評議会「婦人部テーゼ」執筆。

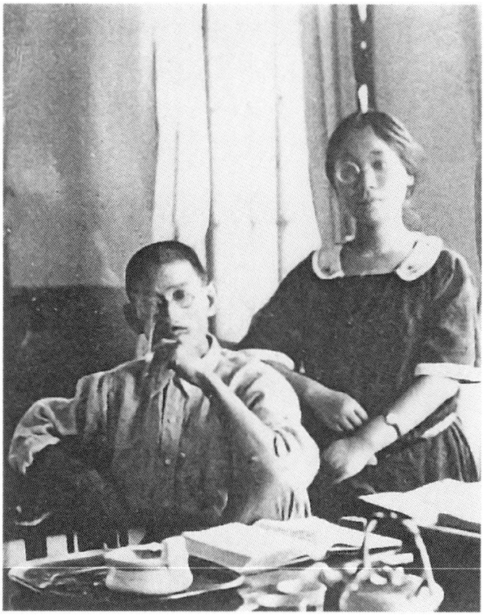

1927年７月　鎌倉・稲村ガ崎の自宅にて

1927年７月
稲村ガ崎の
新居で

この籐の椅子は
終生の友

_1926_軍縮条約　福本イズム　『大衆』　労働農民党　_27_「27テーゼ」『労農』　_28_『マル・エン全集』

1926（大正15・昭和１）年　均45歳
１月５日、鎌倉材木座の借家に転居。３月、山川編集の『レーニン全集』刊行開始。４月、共産党事件控訴審で無罪確定。９月、労働農民党の左右対立から労働者農民の団結を守るための「単一無産党の擁護」を執筆。11月、稲村ガ崎に転居。

1927（昭和２）年　均46歳
５月、稲村ガ崎一の谷の新築自宅完成。８月、改造社『理論闘争批判』に「私はこう考える」寄稿、初の福本和夫批判。９月、同人会（労農派）発足。12月、『労農』創刊、「政治的統一戦線へ」を発表、これを機に第２次共産党は党員になっていなかった堺、荒畑、山川の除名を決めた。

1928（昭和３）年　均47歳
３月15日、第１次日本共産党関係1500人検挙、４月にこの弾圧への『労農』アピール起草。11月、『改造』に「無産政党合同問題の進展」を執筆。分裂主義と闘い、党の結集、合同に努力すべきことを強調。

1929（昭和４）年　均48歳
１月11日、父・清平死去。５月頃、三田の奥山医院そばに通院のため下宿。『労農』に山川批判があらわれる。６月６日、同人脱退を提出。『労農』の休刊が続く。

1930（昭和５）年　均49歳
７月、全国大衆党結党宣言案起草。９月、均の稲村ガ崎での一人暮らし始まる（35年３月まで）。11月19日、全国大衆党第２回大会宣言案起草。12月、『労農』に無署名で「『労農』第４年を迎えんとして」、『文芸戦線』に「合同運動の新段階」執筆。

病床の振作と

1927年11月　稲村ヶ崎の家で

***29*世界恐慌　金解禁　*30*第２回総選挙　鐘淵紡績スト　全国大衆党　亀戸モスリンスト**

1926（大正15・昭和１）年　菊栄35歳
１月、鎌倉の借家に移転（この時社会主義者には貸せないと断られ、母千世の名義を使う）に伴い振作は鎌倉小学校に転校。11月にも転居という具合で、３年間に６回の転居に疲れて自宅の建設を決意。この時もやはり母森田千世名義でしか借地できなかった。３月、『リープクネヒトとルクセンブルク』の朝鮮語訳刊行。４月、評議会婦人部論争はじまる。日本の事情に疎いコミンテルン（モスクワ）の指示がうかがわれる。

1927（昭和２）年　菊栄36歳
５月、稲村ヶ崎に自宅落成。母・千世の小別荘付。７月、コロンタイ著『婦人と家族制度』の訳本。

1928（昭和３）年　菊栄37歳
３月、均の父・清平の米寿で３人、倉敷へ。５月『労農』付録「婦人版」第１号の編修、執筆（７号まで）。９月、振作発病で三田の照屋宅に預けて通院（12月から振作と三田四国町に下宿）。10月、均との共著『無産者運動と婦人の問題』。

1929（昭和４）年　菊栄38歳
１月、『婦人公論』への時評執筆はじまる（38年12月号まで、ほぼ毎月の執筆つづく）。１月下旬、振作全快し、東京三田の下宿を引き払う。８月、振作、均と倉敷に帰郷。

1930（昭和５）年　菊栄39歳
３月、振作、小学校卒業。中学校に入学するも８月の発病で退学を余儀なくされる。これからの４年半、三田の奥山医院での治療を受けるために、近所の２階に間借りしての自炊生活をする。後年振作は、この時期を「幽閉の時代」と呼ぶ。均は鎌倉の自宅で単身生活、菊栄と振作は原則として週末には帰宅するという二重生活。

1935年６月　うずら小屋の前で

1934年、年寄り・伊勢ノ海が鎌倉で鯉の養殖をしているのを千世も連れだって見学

***1931*農民労働学校　柳条湖事件　満州事変　*32*満州国建国宣言　5・15事件　32テーゼ　社会大衆党**

1931（昭和６）年　均50歳

１月、『労農』に本名執筆再開、「河上博士は『何をなすべきか』」。５～12月、三田の借家から奥山医院に通院。しかしこの借家に来客多く、翌32年１月には、単身稲村ガ崎にもどることになる。８月、３部作の出版完了、『社会主義の話』（30年２月）、『労働組合の話』（同８月）、そして３冊目の『無産政党の話』。

1932（昭和７）年　均51歳

１月17日、イタチ飼育に挑む。６月『労農』の廃刊、同人の解体を確認。７月、『前進』創刊号に「創刊の辞」、筆名で「左翼分子は新合同党を去るべきか」、８月、「新合同党内で左翼分子はいかに闘うべきか」を寄稿。

1933（昭和８）年　均52歳

１月27日、堺利彦（１月23日没）葬儀で葬儀委員長（36年まで墓参の会）。５月、『堺利彦全集』（全６巻）刊行開始、10月完結。11～12月、労農同人会議で正式に解散を合意。

1934（昭和９）年　均53歳

４月、稲村ガ崎自宅裏にうずら飼育場建設を準備。５月、『無産者講話』中国上海生活書店から中国語訳刊。10～11月、東北地方冷害調査、11月20日、旧同人の集まりで山川の「東北農村視察の感想を聞く会」、12月、『改造』に同視察報告。

1935（昭和10）年　均54歳

３月、商業紙が「鶉屋への転向」を報じる。８月、『経済往来』に「転向常習犯の手記」。10月、随筆集『からす』。鎌倉郡（現藤沢市）村岡村弥勒寺に借地を確保、鎌倉の自宅を貸し家とし、弥勒寺にうずら飼育場３棟と住宅を建てることにし、10月から植木を移植しはじめる。

1935年７月１日　藤棚の下で

33堺利彦没　ヒトラー首相　佐野ら転向声明　34中国長征開始　東北飢饉支援無産団体協議会発足

1931（昭和６）年　菊栄40歳
４月、東京の母子は芝公園での借家に、均も奥山医院の治療を受けるために上京して同居。
1932（昭和７）年　菊栄41歳
１月、均は鎌倉に、母子は２階の間借りに戻り、再び二重生活に。振作は４月から通院をつづける条件付きで、中学３年に編入。
1933（昭和８）年　菊栄42歳
５月、『女性五十講』（改造社）を刊行するが、発売禁止の処分を受ける。６月18日、姉・佐々城松栄没。
1934（昭和９）年　菊栄43歳
５月、振作、黄疸罹病。８月、三田の「玉川ハウス」の一室を借り転居。
1935（昭和10）年　菊栄44歳
３月、振作の病状好転。奥山医師の許しが出、三田を引き払い、母子で鎌倉の自宅に戻る。『婦人公論』３月号の「社会時評」で母性保護法制推進婦人連盟の「家事調定法」制定の要求を、「婦人や子供の権利が幾分でも擁護されれば幸いである……社会的権利と相補わねばならぬ政治的権利──公民権や参政権の問題も、議会政治そのものが半身不随に陥っている今日、省みる者すらない」と批判。これに『婦選』３月号の「剪々録」は、「こう断定出来る処に、氏［菊栄］の要するに『書斎の人』たる所以のものが存する」とコメント。５月、母・千世と水戸を訪ねる。９月から「読売新聞」への時評「女の立場から」執筆はじまる（以後、41年６月まで原則、毎月１回つづく）。12月31日、呂一鳴訳『社会主義的婦人観』（堺利彦との共著、1925年）が、中国の北新書店から刊行される。

THE HOCHI SHIMBUN

事變下に躍る人民戰線に彈壓

日本無産黨、全評に

結社禁止・解散を命

加藤勘十氏以下三七二名檢

國體の變革を企んで

大衆の動員を策謀す

當局發表

檢擧された主要人物

一 勞農派の發生過程

人民戦線事件検挙（1937年12月15日）を報ずる８日後（12月23日）の新聞

***1936*　2・26事件　仏人民戦線政府　*37*盧溝橋事件　日中戦争　人民戦線事件　*38*国家総動員法**

1936（昭和11）年　均55歳

２月20日、総選挙で加藤勘十が全国最高点で当選。４月、『改造』に「無産党の進出とその展望」。５月、弥勒寺に自宅完成。「湘南うづら園」開業。

1937（昭和12）年　均55歳

７月７日、盧溝橋事件を機に日中戦争に発展。このからみで９月号の『改造』に「支那軍の鬼畜性」を書く（均の没後1967年、雑誌『中国』12月号に邑金の公開状が掲載され、論壇の話題になる）。12月15日、第１次人民戦線事件、弥勒寺で検挙。

1938（昭和13）年　均57歳

１月、日本橋久松署留置場で肺炎で重態に、三田奥山病院に入院。後東調布署に留置。東京地裁検事局『山川均ノ共同戦線ノ研究』刊。うずら園廃業。「東調布署手記」完成。９～10月、矢野警部による「聴取書」。10月、治安維持法違反で起訴。東調布署から巣鴨拘置所へ。

1939（昭和14）年　均58歳

獄中で、遺伝学、代数などを勉強。５月15日、保釈。

1940（昭和15）年　均59歳

12月８日、第１審開始。

1941（昭和16）年　均60歳

広い庭と畑で、野菜、養鶏、山羊、果樹などの自給自足の生活に専念。

1942（昭和17）年　均61歳

９月21日、東京地裁第１審で懲役７年、控訴。

1943（昭和18）年　均62歳

７月、控訴審開始。

1944（昭和19）年　均63歳

２月26日、臨床尋問。９月25日、５年の判決、上告。

1945（昭和20）年　均64歳

３月31日、藤沢から倉敷を経て広島国府村へ疎開。

1938年３月20日　留守を守る菊栄と犬（右がマル）

***39*第２次世界大戦　*40*大政翼賛会　*41*日米開戦　*43*コミンテルン解散　*44*特攻隊　*45*敗戦**

1936（昭和11）年　菊栄45歳

４月、振作、成城高校（旧制）に入学。一家は村岡村で「湘南うづら園」を開業。この秋、母・千世と中国地方を旅行。父・竜之助の郷里松江、兄・延敏の勤務地広島、均の郷里倉敷をまわる。

1937（昭和12）年　菊栄46歳

３月、『婦人と世相』（北斗書房）刊。４月、振作、成城高校近くの聖寮に下宿。週末は帰宅。均の姉・浦の孫、林雄次郎も同校の同寮に入る。10月、千世と水戸や袋田・塙などを訪れる。12月、均検挙。

1938（昭和13）年　菊栄47歳

この夏、飼料の入手難で雛300羽を残し、うずら園を廃業。秋にはうずらの手伝いをしていた二見老人をやむなく解雇し、週日一人暮らしが多くなる。

1939（昭和14）年　菊栄48歳

４月、振作、東京帝国大学に入学、本郷に下宿。週末村岡に帰る。５月、均も保釈出所で帰宅。

1940（昭和15）年　菊栄49歳

千世、住みなれた麹町から、菊栄の兄延敏の一家が住む杉並に移転。11月、『女は働いている』（育生社）刊。

1941〜45（昭和16〜20）年　菊栄50〜54歳

41年１月、『村の秋と豚』（宮越太陽堂書房）刊。12月、振作、東大理学部卒業。

42年、千世、杉並より山川宅に移り、同居、歌集『松葉集』出版。１月、振作厚生省厚生科学研究所に就職。

43年、７月、振作応召、岡山第十連隊に入隊、即日帰休。10月、振作、佐木美代と結婚して藤沢に同居。『武家の女性』『わが住む村』（三国書房）刊。

44年４月、振作、慈恵医大予科に転職

45年４月、広島県国府村に疎開。敗戦を迎える。

1945〜46年冬　ご機嫌の悪い顔の均。着ているのは同志が誂えてくれた暖かくて重たいオーバー

***1945*日本社会党・日本共産党再建　民主化５大改革　*46*東京裁判　新憲法公布　*47*片山内閣**

1945（昭和20）年　均64歳
９月、連合軍命令により、人民戦線事件、上告中のまま解消。９月16日、藤沢弥勒寺に帰宅。新歴史協会を内藤民治郎宅（麻布霞町）に発足。単身自炊。
1946（昭和21）年　均65歳
１月10日、「民衆新聞」に民主人民戦線を提唱。１月26日、野坂参三帰国歓迎国民大会委員長。３月10日、民主人民連盟結成準備会を主宰。３月末、癌発病で病臥。５月30日、神奈川県下曽我で療養に。
1947（昭和22）年　均66歳
５月、山川夫妻、社会党神奈川県足柄下支部に入党。８月、『前進』創刊。年末〜年始、一時帰宅。
1948（昭和23）年　均67歳
３月、振作一家と菊栄（労働省勤務）の宿舎として東京大田区雪谷に住宅購入。４月28日、下曽我を引きあげ弥勒寺へ。10月、均・向坂逸郎・高橋正雄鼎談『日本の革命を語る』。９月18日、土曜研究会（隔週）始まる。
1949（昭和24）年　均68歳
４月、『前進』に「社会党の再建のために」、５月、同「社会党の運動方針批判」、７月、同「社会主義革命とその方式」。９月20日、『社会主義政党の話』（「無産政党の話」の改訂版）。10月８日、社会主義労働党準備会常任委員に。12月『前進』に「講和・中立・非武装」。
1950（昭和25）年　均69歳
１月、『朝日評論』に「ある凡人の記録」連載開始。２月、『前進』に「講和・中立・非武装」。５月、姉・林浦没。８月12日、社会主義研究会で新機関誌発行を協議。９月、『前進』終刊の言葉。

1950年４月　北海道留萌で鰊漁場、江別で酪農場視察

_48_朝鮮南北分断　_49_下山・三鷹・松川事件　中華人民共和国　_50_朝鮮戦争　レッドパージ

1945（昭和20）年　菊栄54歳

９月17日、枕崎台風で芦田川が氾濫。２階にいたので命拾い。10月、洪水の後始末をして藤沢に帰宅。26日孫みづほ誕生。

1946（昭和21）年　菊栄55歳

『新歴史』に水戸藩生瀬事件を書く。麻布（新歴史協会）―藤沢―下曽我（均の転地療養先）を往来。７月、日本民主主義婦人大会で議長。

1947（昭和22）年　菊栄56歳

４月26日、民主婦人協会結成に参加。６月28日、孫しげみ誕生。７月、日本社会党入党。８月、千世、藤沢に同居（10月20日、死去）。９月、労働省婦人少年局長に就任。

1948（昭和23）年　菊栄57歳

通勤のために大田区雪谷に住宅購入。振作一家も移る。週末は藤沢に帰宅。５月10日から12日「第１回地方職員講習会」（東京小金井・浴恩館）15日、婦人少年局職員室設置。

1949（昭和24）年　菊栄58歳

２月、婦人少年局廃止案が伝えられ、廃止反対運動おこる。４月、「第１回婦人週間」、スローガン「もっと高めましょう、わたしたちの力を、地位を、自覚を」。９月７～９日、「地方職員室主任事務打ち合わせ会」（静岡伊東・光風閣）

1950（昭和26）年　菊栄59歳

４月、「第２回婦人週間」、スローガン「家庭から職場から封建性をなくしましょう」「私たちの権利と義務を知りましょう」。５月第１回働く婦人の福祉増進週間始まる。８～９月、女子の組合活動促進のための啓発活動を全国で展開。10月１日、民主婦人連盟横浜支部の日曜教室に。28日、同王子支部の講演会に出席。

労働大学第１期講座

1955年９月25日大杉栄の墓を訪ねて

1955年９月１日

***1951*サンフランシスコ講和会議　*52*メーデー事件　保安隊　水爆実験　*53*朝鮮休戦　*54*左社綱領**

1951（昭和26）年　均71歳
３月、社会問題研究所『非武装憲法の擁護』（これを軸に岩波新書『日本の再軍備』を52年11月に刊行）。６月、『社会主義』創刊、社会主義協会同人代表は山川均・大内兵衛。10月23〜24日、社会党臨時大会で左右に分裂。『社会主義』号外で座談会。

1952（昭和27）年　均72歳
１月、山川夫妻、左派社会党に入党。２月、『文芸春秋』に「わが愛妻物語」。４月、ラジオ九州に出演。５月１日、メーデー事件に立ち合う。『社会主義』メーデー号外。『改造』に「『５・１暴動』と破防法」。

1953（昭和28）年　均73歳
春からNHKで「昔と今一労働運動を語る」（〜54年春まで14話、54年６月に中央公論社から出版）。夏、向坂から左社綱領の一部起草を要請され、「過渡的段階の政府」などを起草。10月、胸部骨折で病臥（〜12月）。

1954（昭和29）年　均74歳
１月21日、左社綱領を採択した大会で、表彰され挨拶。９月27日の左右両社統一にたいし、『社会主義』に「党と綱領」（６月）等連続執筆。10月11日、労働大学開校式で祝辞。12月に初の講義（そのノートを元に『社会主義への道』（河出新書、後に労大新書）。

1955（昭和30）年　均75歳
３月７日、顔なじみのロナルド・ドーア（イギリスの社会学者）が来訪。５月１日「メーデーの思い出」をラジオ九州で志賀義雄と、日本短波で岡崎三郎と対談。５月25〜26日、同志社大に招かれ、講演。９月24日、静岡で大杉栄墓参。９月25日、静岡で講演。12月24日、和田・勝間田の政策研究会参加。12月27日社会主義協会の忘年会に参加。

1954年　向坂逸郎と

1954年1月26日　片倉労組女子代表者会議で

***55*春闘スタート　第1回原水爆禁止世界大会広島大会　統一社会党・保守合同（55年体制）**

1951（昭和26）年　菊栄60歳
第3回婦人週間スローガン「社会のために役立つ婦人となりましょう」 4月、振作、東京大学に転職。6月、婦人少年局長を退任。後任は藤田たき。11月、日教組「第1回教研集会」（日光）に助言者の一人として参加（講師の宮原誠一と同じ分科会）。同月イギリス政府の招待で、奥むめお、田辺繁子、久保まち子、田中孝子らとイギリスへ出発。ロンドンではロナルド・ドーアが通訳。

1952（昭和27）年　菊栄61歳
1月、均と共に左派社会党に入党。1～5月、イギリス各地を視察、労働党の集会に出席、女性労働の事情も調べる。5月、パリ、ローマ。6月、ユーゴスラビア。7月、インドータイを経て帰国。

1953（昭和28）年　菊栄62歳
神戸－豊中－松山－米沢その他、各地の婦人・社会党・組合などの会合に出席。10月、左派社会党婦人部と協力して月刊誌『婦人のこえ』を創刊（編集委員は菊栄、河崎なつ、榊原千代、三瓶孝子、鶴田勝子、藤原道子）。11月、A・ベヴァン著の翻訳『恐怖に代えて』（岩波書店）刊行。

1954（昭和29）年　菊栄63歳
4月、京都（9月、水戸）その他の婦人集会に参加。『平和革命の国—イギリス』（慶友社）。戦前から山川家のファミリーフレンド「百瀬仙人」こと百瀬二郎が藤沢の山川家敷地に建てた部屋から、出身の慶応病院に入院、死去。

1955（昭和30）年　菊栄64歳
3月、水戸その他の婦人集会に参加。4月、D. H. コール著の翻訳『これが社会主義か』（河出書房）刊行。都立広尾高等看護学院での女性史講義始まる（66年まで10年つづく）。

1956年　京都・倉敷を訪ねて

***1956*ソ連共産党第20回大会（スターリン批判）　第１回働く婦人の中央集会　日本国連加盟　*57*スプートニク**

1956（昭和31）年　均76歳
２月17日、「読売」に「フルシチョフ演説」。２月19日、「朝日」に「ミコヤン演説を読んで」。２月29日、労働大学でソ連について講演。『主婦の友』に秋山ちえ子のインタビュー、「山川夫妻の家庭訪問」。『世界』に「プロレタリア国際主義の新しい展開」。８月29～30日、山川夫妻、社会主義協会地方代表者会議（事実上の第１回大会）に参加。11月、夫妻で京都～倉敷の旅行。総評の社会党関係者の会合で山川家にテレビを贈る提案が実現して、寄贈される。11月６日、「朝日」に「ハンガリーの悲劇」。11月８日、『社会主義』創刊５周年記念集会で挨拶。

1957（昭和32）年　均76歳
１月、腹水が溜りはじめる。４月30日、諏訪メーデー前夜祭で講演。５月『社会主義への道はひとつではない』（合同出版）、『歴史のうねり』（再建社）。５月１日、中央メーデー参加、体調くずし奥山医院へ。８月早々胃痛はげしくなる。10月14日、雪谷の振作方から奥山医院に通院（土日は弥勒寺）。11月、NHKで「人工衛星の成功とゆがんだ世界」。12月25日、慈恵医大で癌末期と判明。

1958（昭和33）年　均77歳
１月20日、雪谷へ。１月21日、絶筆。３月23日午前６時７分永眠（77歳）。４月２日、青山斎場で日本社会党葬。８月９日、倉敷・長蓮寺に埋葬。『社会タイムス』「山川を悼む」（３月27日）、「山川追悼、荒畑・向坂対談」（４月10日）。NHKで荒畑「ある凡人の記録」（４月14日）。『社会主義』「山川均先生を悼む」（５月）。『社会主義文学』９号「山川追悼」。『世界』「山川均追悼特集」（６月）。

大内兵衛・笹代夫妻と。後列左から岡部雅子　菅谷直子

旅先のスナップ

***58*売春防止法　警察官職務執行法　*59*キューバ革命　*60*安保・三池闘争　浅沼委員長殺害**

1956（昭和31）年　菊栄65歳
５月、『女二代の記─わたしの半自叙伝』（日本評論新社、後に平凡社、岩波書店）刊。秋山ちえ子のインタビュー。８月、均と共に社会主義協会地方代表者会議（事実上の第１回大会、湯河原）に参加。11月、結婚40年で二人で最初で最後となる京都旅行。

1957（昭和32）年　菊栄66歳
各地の女性集会に参加。均発病、癌と判明。

1958（昭和33）年　菊栄67歳
３月23日、均死去。藤沢に戻る。美代の姪岡部雅子と同居。５月『婦人公論』に「40年の同志・山川均の死」。８月倉敷で追悼演説会、９日埋葬。振作一家と広島・高松を廻り、宇野の旧山川薬店、垂水の旧居を訪ねる。11月、倉敷・岡山・丸亀・高松などの集会参加。

1959（昭和34）年　菊栄68歳
３月、松江、神戸、京都、長野、舞鶴その他での婦人集会に参加。鹿児島に浜田亀鶴子（故浜田仁左衛門夫人）を訪ね、均の手記「仰臥」をゆずられる。９月25日〜10月25日、中華人民共和国建国10周年祝典に招待され中国を訪問（団長・片山哲）、北京、西安、重慶を視察。

1960（昭和35）年　菊栄69歳
「安保と三池」の闘いの高揚の中で、各地の婦人集会に参加。９月、労働大学が通信教育講座を開講。その顧問となり、基本講座のテキスト『婦人のあゆみ』を執筆。そのサブテキストとしてスタートした『まなぶ』の61年３月号に「アフリカのなかまたち」を、63年３月号からは巻頭言「まなぶということ」を80年３月まで、３〜４ヵ月ごとに執筆。

1963年２月鶏小屋の前で

庭で九呂と

1961ベルリンの壁　63三池炭鉱爆発　66中国文化革命　67美濃部都知事　69安田講堂封鎖解除

1961（昭和36）年　菊栄70歳
６月、姫路の集会に出席。福岡を経由して浜田亀鶴子宅を訪問。帰途熊本の均の甥林清五郎や、大牟田の三池労組を訪ねる。９月、『婦人のこえ』休刊。「婦人問題懇話会」設立準備委員会発足。参加者は、菊栄、石井雪枝、伊東すみ子、菅谷直子、田中寿美子、渡辺美恵。11月、向坂逸郎と共著で『山川均自伝』を刊行。

1962（昭和37）年　菊栄71歳
４月、田中寿美子、菅谷直子、石井雪枝らと婦人問題懇話会（のち日本婦人問題懇話会）設立。会員47人。代表は置かず、幹事８人で運営。家庭婦人、婦人労働、農村婦人、婦人運動・女性史、社会福祉・社会保障の５分科会設置。主に婦人労働分科会に出席。７月、タイプ刷りの機関紙『会報　婦人問題懇話会』を発行する。６月、１年ぶりの旅行。鳥取県米子、三重県四日市、静岡などの集会に参加。

1963（昭和38）年　菊栄72歳
各地の集会に参加。７月、「婦人問題懇話会会報」１号（パンフレット型８頁、64年９月、14号まで続刊）発行。

1964（昭和39）年　菊栄73歳
３月、水戸のオルグ会議出席。青山家の縁者を訪問。７月、倉敷、広島県高木、兵庫県垂水、坂本清三郎の住む奈良県橿原に旅行。坂本宅に滞在し、平城宮址発掘のアルバイトに従事する孫のみづほに会う。11月、リューマチ性の腰痛に悩まされ、持病となる。劇団民芸の「冬の時代」公演のパンフレットに執筆。

1965（昭和40）年　菊栄74歳
３月、矢島せい子らと水戸、生瀬などを訪問。５月、虎ノ門病院整形外科に通院をはじめる。12月、リーフレット型会報を『婦人問題懇話会報』と改称。活版印刷の発表誌となる。第１号のテーマは、「主婦の就労」。菊栄の論文は、「母の賃労働とパートタイム」。

1966（昭和41）年　菊栄75歳
６月、振作と共編の『山川均全集』（勁草書房）刊行はじまる。８月、孫のみづほ・しげみと仙台に行き、東北大学で青山延于・延光あての徳川斉昭（烈公）の書簡を筆写。塙・湯岐から水戸を訪ねて帰宅。10月、虎ノ門病院に入院。11月、退院するが歩行困難はよくならず、外出できなくなる。眼底出血はおさまったものの、血管の弱化は顕著。10年続けた東京都立広尾高等看護学院での女性史講義をやめる。懇話会において主婦の就労、パートタイム労働への関心が高まり、婦人労働分科会がパートタイマー実態調査を行う。近所に住む会員の大久保さわ子の報告を受ける。

1967（昭和42）年　菊栄76歳
秋、労働省婦人少年局廃止の危険あり、反対運動をし、11月、「婦人少年局廃止反対について陳情」の発起人代表の１人となる。懇話会の会報で、老人問題を女性問題として論じる。

1968（昭和43）年　菊栄77歳
集会出席に努めるが、このころから歩行がままならず、来客を楽しみにするようになる。女性運動の関係者、学校友だちの訃報が相次ぎ、寂しさが増す。

1970（昭和45）年　菊栄79歳
『茨城県史研究』に「武家のくらしむき」を書きはじめ、翌年から「幕末の水戸藩」を書く。（74年まで続く）。

80歳の誕生日

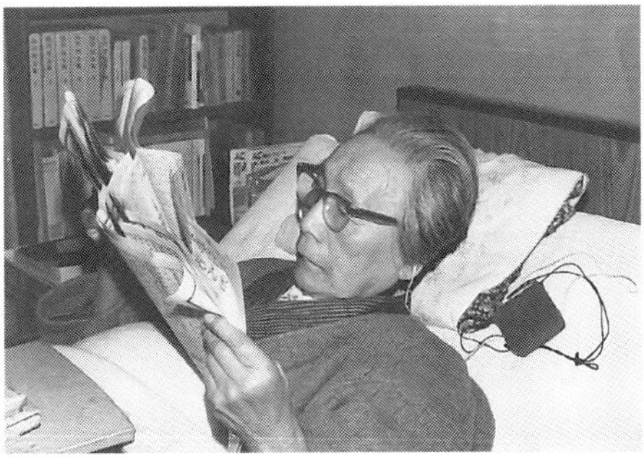

新聞を読む

***72*沖縄返還　*75*メキシコで国際婦人年世界会議　*78*日中平和条約　*79*スリーマイル島原発事故**

1972（昭和47）年　菊栄81歳
72年『おんな二代の記』（平凡社東洋文庫）刊行。
1974（昭和49）年　菊栄83歳
３月７日付、大手芳枝宛のたよりに「私は女の子がほしかったのですがめぐまれず（中略）今月の28日で山川の18回目の命日がきます。山川は戦争に行きませんでしたが警察と牢屋が仲良しで安心できませんでした」と、綴る。５月、孫のしげみ、山形友子と結婚。７月、しげみ、友子の結婚祝いの家族の集まりで、鎌倉に車で行く。これが最後の外出になる。８月、『覚書　幕末の水戸藩』（岩波書店）刊行。兄延敏、86歳で死去。11月、国立横浜病院内科に入院。振作と鎌倉小学校で同級であった藤沢俊雄医師の治療を受けて元気を取り戻す。
1975（昭和50）年　菊栄84歳
４月、退院。藤沢に帰る。これ以降、ベッドの上での生活始まる。10月、前年刊行の『覚書　幕末の水戸藩』で第２回大仏次郎賞受賞。
1976（昭和51）年　菊栄85歳
春、石井雪枝宛ての葉書に「いま全集（「山川均全集」）ののこり分、手入れするにつけ、よく書いたものだと思い、戦前の歴史を勉強するようで、もう一度いろいろな事件や問題のことなど話しあってみたい気がします。」と綴る。
1977（昭和52）年　菊栄86歳
均の命日（３月23日）に訪ねた石井雪枝に「あの翌日、山川の夢を見ました。庭のサクラがよく咲いて一目見せたいなと思ったこともあるでしょう。ふだんのままのなりで庭の方から花の中に、大した上きげんで笑いながら振作と私のいるところへ来ました。それで私が、やはりケイサツはようございんすね。帰してくれるから、お墓は帰してくれないといいましたら皆で笑った夢でした。」というたよりを寄せる。８月、『女性解放へ─社会主義婦人運動論』（日本婦人会議中央本部出版部）刊行。12月、曽孫いぶき（しげみ長男）誕生。
1978（昭和53）年　菊栄87歳
４月、振作、東京大学を定年退職。国学院大学教授となる。５月、懇話会規約改正。代表に山川菊栄、事務局長に菅谷直子。10月『二十世紀をあゆむ─ある女の足あと』（大和書房）刊行。老衰が進むなかで、短文執筆は続く。秋、「山川菊栄先生の米寿を祝う会」により、個人369人、43団体からの祝い金が寄せられ、のち、山川菊栄記念会の基金として振作夫妻から寄せられる。
1979（（昭和54）年　菊栄88歳
４月、『日本婦人問題小史』（大和書房）刊行。８月、12月軽い風邪をひく。
1980（昭和55）年　菊栄89歳
９月、東京品川区東大井の東芝中央病院に入院。振作の慈恵医大予科時代の教え子野村孝義医師の手厚い看護を受ける。10月、しげみの第２子みを（長女）誕生の報をきき微笑する。11月２日、脳梗塞により死去。12月13日「山川菊栄をしのぶ会」開催。
1981（昭和56）年
３月、倉敷市長連寺山門横の山川家墓地の均との合葬墓に埋葬。６月、『婦人問題懇話会会報』第34号、「山川菊栄先生追悼号」発行。11月〜1982年９月、岩波書店より田中寿美子・山川振作編、鈴木裕子編集協力『山川菊栄集』（全10巻別巻１）刊行。11月、山川菊栄記念会が発足し、「山川菊栄記念婦人問題研究奨励金」の贈呈が決まる。12月、第１回贈呈者（グループ）に贈呈。以後2014年まで続く。懇話会代表に田中寿美子選出。

非ドン・キホーテのお友達

NPO労働者運動資料室理事長
山﨑耕一郎

「英雄は死んだ」という短い文章が、山川均全集の第９巻にある。1929年『改造』８月号の特集「英雄の研究」に載っていたものである。内容は「現代は、英雄は天下を支配するかわりに、恐竜の骨とともに、博物館を支配する時代である。……凡人が『英雄的』な行動を反復しているうちに、自分自身の行動に陶酔し……英雄然と身構えるようになる。」など、「英雄主義」を煽っていた他の党派への批判である。

「英雄主義にかわる平民主義の時代……この新しい社会は、その運命と歴史的使命の遂行とを、一人の英雄の手に委ねるかわりに、これを利害を異にする個人とその集団との間の闘争に分解する。人々は経済上でも政治上でも、この利害の闘争に参加することにより、そして各々異なった利害を追求することによって、その社会的目標と方向とを追求する。」と述べている。

山川均さんのように冷徹になれない私などは、本人が頑張っているのだから、少しは誉めてあげても良いのではないかという気もするが、この文では「過って英雄に似たドン・キホーテ」には、一片の同情もしていない。

第二次大戦後、均さんはずっと体調を崩したままで、政治行動の表に出る機会は少なかったが、菊栄さんはおおいに活躍した。しかしもちろん「英雄然とした」姿でではなく、民主政治の担い手として行動した。

この山川夫妻の思想と行動と、犬、ねこ、からすとの共同生活とは、論理的なつながりは解明困難だが、私自身の頭の中では、それらは良く調和している。生活の中のゆとりが、民主政治にむいているのである。からすを飼うのは、現在の都会では難しいだろうが、集合住宅でも、犬、猫を飼えるところが増えているそうである。定年後の人が、運動不足にならないために、「犬の散歩」は最適である。

おことわり

山川菊栄・均の残した書籍・資料を整理して、それぞれ神奈川県立かながわ女性センター図書館（山川菊栄文庫）と法政大学大原社会問題研究所に、最終的に搬入したのは2013年３月でした。

その折に均・菊栄のご子息山川振作氏・そのご子息しげみ氏が保管して来た写真が、複写されたものを含めて数千葉あり、その中からオリジナルないしはそれに近いものを選んでかながわ女性センターに寄贈し、公開に向けて整理をすることにしました。

2015年２月に同センター図書館の図書資料（山川菊栄文庫）は、神奈川県立図書館に移管され、山川菊栄文庫の整理作業は、現在もつづいています。

この度山川菊栄記念会は、NPO法人労働者運動資料室の協力のもとに、主要な写真300葉余を中心とした写真集を刊行することにしました。ベースになったのは、現在神奈川県立図書館に移管された写真です。

山川均がカメラを趣味にしており、折にふれて撮ったものが中心ですが、他に取材を受けて撮ったもの、刊行物に掲載されたもの、撮影者の署名裏書きのあるもの等も含まれています。ただ複写されたもの、貸し出しされて戻ってきたもの、また数枚の組写真のなかの１枚といったものなどもあり、必ずしも撮影者は確定しきれないきらいがあります。

そうした事情から１枚ごとに撮影者を明記するのはむずかしく、ここに撮影者、提供者のお名前を分かる限り列記させていただくことにします。（順不同・敬称略）

山川しげみ　菊池俊吉　石河康国　田村茂　東京新聞写真部　主婦の友写真部　岡部雅子　佐竹晴雄　アトリエ堀野　矢島せい子　上野健一　奥山孝明　木村伊兵衛　三堀家義　田村茂　和氣誠　法政大学大原社会問題研究所　女性就業支援バックアップナビ（旧女性と仕事の未来館）　山川菊栄文庫（神奈川県立図書館）

なお、使用した写真の撮影者、著作権者の方で上に記されていない方の氏名がお分かりになったときには、ぜひ発行元（同時代社）までご一報いただければ幸いです。

写真説明および年表作成にあたり各著作を参考にさせていただきました。

『山川菊栄集』（岩波書店　山川振作・田中寿美子編　1981年11月～1982年９月）
『新装増補　山川菊栄集　評論篇』（岩波書店　鈴木裕子編　2012年３月）
『山川均全集』（勁草書房　山川菊栄・振作編集　1966年１月～2003年２月）
『山川均の生涯　戦前編・戦後編』（社会主義協会　川口武彦著　1986年４月・1987年２月）
『山川菊栄の航跡』（ドメス出版　外崎光広・岡部雅子著　1979年２月）
『日本婦人運動史』（大和書房　山川菊栄著　1979年４月）
『山川菊栄と過ごして』（ドメス出版　岡部雅子著　2008年３月）
『女性解放へ―社会主義婦人解放論』（日本婦人会議　山川菊栄著　1976年８月）
『二十世紀をあゆむ』（大和書房　山川菊栄著　1978年11月）
『日本でマルクスを育てた人Ⅰ・Ⅱ』（社会評論社　石河康国著　2014年11月・2015年４月）
『来し方に想う―山川菊栄と出会って』（菅谷直子著　2005年８月）
『現代フェミニズムと山川菊栄』（大和書房　山川菊栄生誕100年を記念する会編　1990年11月）

イヌとからすとうずらとペンと
——山川菊栄・山川均写真集

2016年3月10日　初版第1刷発行

編　者	山川菊栄記念会・労働者運動資料室
発行者	高井　隆
発行所	株式会社同時代社 〒101-0065　東京都千代田区西神田2-7-6 電話　03(3261)3149　FAX　03(3261)3237
装　丁	クリエイティブ・コンセプト
制　作	いりす
印　刷	中央精版印刷株式会社

ISBN978-4-88683-792-9